はじめに

　この本に掲載されている5本のインタビューは、5つのバンドのフロントマンに「バンドとは何か?」について語っていただいた記録です。宝もののような言葉の束です。企画の動機は単純でした。それは「バンド」に対する「あこがれ」と同じくらいの「ふしぎさ」でした。ふだんは会ったりしないのに、もっと言えば、それほど仲が良さそうでもないのに、彼らが音を出し合えば、心がふるえて止まらなかったりする。昨日ギターを買ったばかりの中学生が、「バンドを組んだ」というだけで、どこか、なぜだか、誇らしげな顔をする。絶頂なのに、何かの理由であっさり解散して伝説になったりする。ある瞬間にはダイヤモンドより硬く結合する反面、床に落とした消しゴムほどの衝撃で分解してしまいそうな脆さを孕んだ、人間の集合体。その魅力、そのふしぎさ。「バンド」って、いったい何なんだ⁉そのあたりのことを知りたいと思って、ウェブサイト「ほぼ日刊イトイ新聞」ではじめたプロジェクトが、こうして1冊の本になりました。インタビューの仕事をしていると「この人は『救われた』んだろうな」と感じることがあります。小説家は、小説に。画家は、絵画に。音楽家は、音楽に。だから今度は自ら小説や絵画や音楽をつくって、昔の恩に報いているんじゃないかなあ、と。自分はバンドの人にはなれなかったけど、この本ができたことで、いつかの自分を救ってくれた「バンド」というものに、ちいさな恩返しができたような気がします。世の中のあらゆるバンド、ありがとう。

構成・文　奥野武範（ほぼ日刊イトイ新聞）

バンド論

山口一郎
蔡忠浩
岸田繁
曽我部恵一
甲本ヒロト

イントロ　暗闇から爆音　燃え殻

「バンドでもやってさ、一発当てて、石垣島でみんなで暮らさない?」

二十年前、五反田にある編集室で、僕はそんな夢遊病のようなことを毎日のようにつぶやいていた。夢遊病患者の相手は編集作業の準備をしていたAD木村で、彼はばかの一つ覚えのように「それなー」と返してくれた。フェイスブックによると、彼はいまでは三児のパパで、二子玉川駅近くの新築マンションを三十年ローンで購入、肩書きもADからプロデューサーに変化している。

ある日、久々に仕事が早く終わって、編集室の空き部屋で、彼とふたりで仮眠をとっていたときのことだ。薄くクーラーを入れた真っ暗の部屋で「もう限界だ。俺、もう無理」と、じゃんけんで勝ってソファで寝ていた彼が言った。じゃんけんに負けた僕は、床で寝ながらそれを聞いていた。

僕は無言で編集室の機材の中にあった音源を、暗闇の中で再生する。海外の知らないミュージシャンの、聴いたことのない激しいロックが、爆音で流れ始めた。

「いいな」

彼が短くそう言った。僕は「ああ」とだけ返す。

その頃、僕たちに金はなかった。ついでに夢もなかった。ただただ仕事に忙殺されて、時間すらなかった。あったのは、期待が持てない未来だけだった。

僕の最終学歴、上野のはずれにあったハズレの専門学校は、そのときはもう潰れてしまっていた。校舎があった場所はマンションと老人ホームに変わっていた。彼が国籍のことで悩んでいる話も、その暗闇の編集室で延々と聞いた。

それからしばらくして、僕たちはまた通常モードでこき使われている日々に戻る。そして僕は、いつも通り完全に腐っていた。彼に「バンドでもやってさ、一発当てて、石垣島でみんなで暮らさない？」とガス抜きするように話す。その日のことは鮮明に覚えている。まだ編集室には誰も来ていなくて、彼は偉い人が座るソファにドカンと深く腰掛けて、コホンと嘘っぽい咳をして話し始めた。

「まず、ここにあるテープを全部ぶっ壊して、あいつらに復讐しよう」

彼のその提案に僕はゲラゲラ笑いながら同意した。

「そのあと、ファイルを全部ゴミ箱に捨てて、原付でバックレようぜ」

僕も彼に威勢のいいことを告げる。

「別に本当に実行してもいいよ」

彼はそううそぶいた。

「それでさ」とまで僕が言うと、彼は待ってましたとばかりに「バンドでもやって、一発当てようぜ」とニヤッと笑った。結局その日、もちろん誰に復讐する勇気も僕たちにはなかった。ギターを持ったこともない僕たちは、バンドを組むこともなかった。それからずいぶん時間が流れて、僕は突如としてものを書き始め、彼は社会人としてちゃんと偉くなった。

今年の始め、十五年とちょっとぶりに、彼とテレビ局のエレベーターの中で出くわす。

「お、原作が映画になるらしいじゃん」

昨日まで会っていたかのように、白髪混じりになった彼が言う。

「そっちはプロデューサーで、散々人に恨みを買ってるらしいじゃん」と返すと、「いつかさ」と彼が切り出した。

「いつかバンドでも組もうぜ」

それだけ言うと、申し訳程度に手を振って、彼はエレベーターを先に降りていった。きっと「いつか」という有効期限の長い夢は、若者だけが使うことを許されている魔法の言葉だ。「バンド」という言葉もきっとそうかもしれない。だから、僕たちは「バンド」という魔法の言葉を口ずさむたびに、各々の暗闇を思い出す。その暗闇に光が射した瞬間を思い出す。爆音が鳴る。何度でも、何もなくても最強だったあのときに引き戻される。

サカナの泳ぐ植物園。

山口一郎にとってバンドとは何か

音楽の前に、言葉があった。

——山口さんは、音楽というものは、どうして、人間の心を動かすと思いますか。

山口　ぼくは、音楽よりも前に、言葉に、心を動かされていたんです。

——あ、はい。以前どこかで読みました。

山口　だから、自分が文学というものに……とりわけ現代詩というものに覚えている感動を、まわりの友だちにもわかってもらうにはどうしたらいいか、そのことばかりをずっと、考えていた気がします。

——音の前に詩が、文学が、言葉があった。それは、いくつくらいの話ですか。

山口　小学校です。現代詩の美しさに惹かれて、ひとりで詩ばかり読んでいたんですが、詩が詩のままだと、あんまりわかってもらえなかった。でも、それが「歌」になった途端、みんな簡単に覚えてくれるんですよ。

――なるほど。

山口　言葉に音階やリズムを与えてやると、急に「距離が近く」なる。その、ある意味で理不尽な体験から、音楽って何なんだろう、歌ってどういうことなんだろうって。

――ちなみに「現代詩」といった場合は、どういう人たちの作品を？

山口　吉本隆明さんや石原吉郎さん、石垣りんさんとか……父親の影響で。そういう人の作品を読んでいました。あとは、短歌とか俳句ですね。

――で、そういう作品をまわりにシェアしても。

山口　ぜんぜん理解されなかったんです。これはよく話しているんですけど、国語の教科書に太宰治の『走れメロス』のお話が載っていたんですね。

――ええ。

山口　それで、先生に朗読しろってあてられた友だちが読んだんですけど、しょっちゅう詰まるし、感情はまるでこもっていないし……内容も、あんまり理解しようともしていない。

——読まされている状態、で。

山口　そう。他方でぼくは、毎日毎日、父の本を読んでいたんで、学校の国語の授業なんて、と、ある部分、見下していたんですよね。おもしろくもない……と思っていた。

——ええ。

山口　だから、その『走れメロス』の朗読に手こずってる友だちのことも「こんな簡単な話もわからないのか」「こんな漢字も読めないのか」なんて、少しバカにしてたんですよ。でも、授業が終わって……。

——はい。

山口　その友だちが、当時すごく流行ってた光GENJIの『ガラスの十代』を歌いはじめたんですよね。休み時間に。そしたら……歌詞をぜんぶ暗記していた。

——おお（笑）。

山口　太宰治の『走れメロス』は、まごまごして、ぜんぜん読めないのに、『ガラスの十代』は、丸暗記して流暢に歌えるんだ……って。

――それも、うれしそうに、楽しそうに。

山口　それがきっかけで、歌ってすごいと思ったんです。自分が美しいと思う言葉を歌にしたら、みんなにも覚えてもらえるだろうか、その美しさに、気づいてもらえるんだろうか……って。

――歌の力、音楽の力に、気づいた。それが小学校の……。

山口　5年生のころですね。父が学生運動をやっていた世代なので、家にフォークギターがあったんです。そこで、自分の書いた言葉をメロディに載せて歌うということを、まずは、やりはじめました。

――え、その時点ですでにオリジナルの曲だったんですか。

山口　最初の最初は、コードを覚えるために、イルカさんの『なごり雪』とか、吉田拓郎さんの『結婚しようよ』とか。

――歌本みたいなやつで。

山口　そう、まず知っている歌をコピーして、コードの押さえ方を覚えて……。そのうちに、完全に我流ですけど、自分のつくった言葉を、メロディに載せて歌いはじめたんです。

――その曲は、誰かに聴かせてたんですか。

山口　誰にも……や、父には聴かせてました。

――お父さん。何かと出てくる、お父さん。

山口　歌詞に赤線を引かれたりとかしながら。

――添削してくれたんですか。

山口　中学に入ってからは、自作の曲を教室で弾いて歌ったりとか。音楽室にギターが置いてあったんで、弾いて、歌って、聴かせたりとかはしていましたけど。

――山口さんは、お母さんが画家ですし、ご自身は音楽家なわけですが、最初に心惹かれたのは、言葉だった。

山口　そうですね。絵も好きですが。

――お父さんの影響ということですけど、どういう方なんですか。お話をうかがっていると、何だか、すごく興味を惹かれます。アーティストだったんですか？

山口　いや、あの、元市議会議員です（笑）。

――へえ、それはそれでおもしろいです。つまり、市議会議員さんで、芸術的な素養や興味もお持ちだった。

山口　若いころに学生運動に没頭して、結局、日本にいられなくなった人で。

――あ、そうなんですか。

山口　ヨーロッパでしばらく過ごしたあと、日本に帰ってきてから北海道の小樽に住み着いたんですね。その後、市議会議員になるんですが、自分で彫刻作品をつくったり、それに画家の母に色を塗らせたり、まだ小学生のぼくを量り売りの古本屋に連れて行っては、段ボール箱を手渡して「読みたい本、ぜんぶ入れろ」とか。

――買ってやるから、と？

山口　父は父で段ボール箱を持ってるんです。それで、そこにたっぷり本を詰めて「俺は1ヶ月でこれだけ読むから、お前も1ヶ月で自分の分を読め。で、お互いに読み終わったら交換だ」みたいなことを言われたり。

――それは……影響されちゃいますね。お父さんがひとつの世界観ですね。

山口　思えば、特殊な環境でした。

――ともあれ、小学生の山口一郎少年は、そうやって言葉に惹かれていった。

山口　自分の心の中のありようを、もっとも正確に表現してくれるのが、当時は、言葉だと思えたんです。それも「詩」という表現の形態では、すべてを説明しきらず、あいまいな状態をキープしたままで、感情を表すことができる。

――物語とは、またちがった仕方で。

山口　そうですね。

――現代詩が好きで読んでる大人って、誰か近くにいたんですか。

山口　いませんでした。父以外。大人になってからは徐々に出会ったりもしましたけど、思春期のころ、自分と同じ価値観を持って、言葉に接する人はいませんでした。

――小説だったら、いたでしょうけど。

山口　たくさん、いましたね。

——小説が連れてくるものと、詩が連れてくるものって……。

山口　ちがいますよね、ぜんぜん。とにかく自分の頭の中のことを、ぼくは、どうにか表現したいと思っていたんです。

——そのとき、山口さんの前には、詩というかたちの「言葉」があった。絵でもなく、最初は、音楽でもなく。

山口　言葉というものが、いちばん宇宙に近いと思ったんです。

芸術と大衆とのはざまで。

——現代詩への傾倒から出発して、音楽へたどり着いたということですが。

山口　ええ。

——音楽に載せる詩……つまり、いま、サカナクションというバンドで歌っている「歌詞」と、現代詩とでは、何がどんなふうにちがうと思いますか。

山口　歌詞って「トンネル」なんです。

——トンネル。どういう……？

山口　文学的な意味の詩、現代詩の場合には、その「時間軸」は「永遠」です。でも、それがメロディに載せる「歌詞」になった場合、「永遠」ではなくなるんです。

――なるほど……時間軸という視点。詩が永遠だということも、歌詞が永遠でないということも、何となくですが、でも、なるほどと納得できます。

山口　歌詞には、きちんとはじまりがあって、いずれ終わりが来ます。その限りある時間の中で、どのタイミングでどんな言葉を出すか、何をどう伝えるか、あるいは、何をどう誤解させるか……。

――という言葉の、連なり。

山口　メロディやリズムを用いて、何気ない言葉でも、どう印象づけるか。そういうぜんぶが楽しくて、歌詞というものに、どんどん、魅力を感じていったんです。

――なるほど。

山口　他方で、文学としての詩と歌詞の間で、共通することもあるんです。短歌や俳句なんかはとくにそうですが、固有のリズムの中で、ある情景を描写するために、どの部分を、どんなふうに切り取るか。

——はい。

山口　まるで意味はないんだけど、ただただリズムが美しいというだけで、何かを伝える言葉もあるし。同じような魅力を、歌詞の中に、音楽の中に、見つけていった感じです。

——これは偏った見方かもしれませんが、現代詩と聞くと、芸術性が高くて、どこか孤高という感じもするんです。でも、山口さんのやっている音楽って、高いポピュラリティがあって、非常に多くの人に受け入れられているように思うんです。

山口　ええ。

——ご自身の中では、芸術性と大衆性というあたりのことに、どう折り合いをつけていますか。両者のせめぎあい、みたいなことです。音楽をつくるにあたっての。

山口　それは、常にありますよね。自分の好きなものだけやってたときは、認めてもらえなかったんです。

——ああ……。

山口　自分たちが美しいと感じる音をつくり続けていたんですが、それだけではデビューできなかった。

——そうなんですか。

山口　デビューは、26か27くらいでした。時間がかかったんです。その間、ずっと「自分のつくるものは、絶対に美しい」「これを理解できない音楽業界が悪い」とばかり思ってたんですけど。

——ええ、ええ。

山口　大衆……と言っていいのか、とにかく、多くの人に受け入れてもらえる音楽がどういうものかについて、あまり考えてなかったんです、ずっと。

——へえ……。

山口　自分にとっての美を追い求めることは、いまも当然やってるんですけど、でも、いつからか、理解してもらえたときのうれしさもあるんだなってわかったんでしょうね。

——なるほど。

山口　興味のない音楽を、興味のないままにやるっていうことは、嫌なわけです、やっぱり。でも……その、興味のない音楽の中に、おもしろいと解釈できる部分を、ぼくは、探したことがなかったんです。

――デビューできなかったうちは。

山口　その部分を探しはじめたことが、自分の音楽を大衆性と結びつけていくきっかけになったのかなあと思います。

――みんなはこういう音楽が好きなんだ、なるほど……みたいな発見？

山口　自分の好みで言うなら、ぼくは「愛してる」とは言いたくない。愛してるという言葉を使わずに、どうにか、その気持ちを表現したいと思うんです。

――はい、伝わってきます。そのこと。

山口　でも、そうじゃない人もいるんだ、と。愛してるってそのまま歌われたほうが、伝わる人もいるんだな……と。

――愛してることを遠回しに言うことに、美学を感じてはいたけれど。

山口　遠ければ遠いほどいいと思ってました。その「隠喩」に魅力を感じていたけど、直接その言葉を口に出すほうが伝わる、うれしい……人もいるんです。

——そうなんでしょうね。

山口　じゃあ、どれくらい近づいていこうか、これくらいならどうだろう、と。その「距離感」を探る作業が、やってみたら、すごくおもしろかった。伝わるにしても、誤解されるにしても、「そんなふうに感じたんだ！」って、どこかうれしくなったんです。

——それこそ「憎い」が「愛してる」にも、聞こえたりするわけですもんね。若干歌謡曲的な世界観ですけど。

山口　ぼくは、直接的な言葉を使うことって、勇気のいることだと思う。だって、それって、表現というよりも、単なる「感情の吐露」だから。

——直接的な物言いじゃなく、より「説明していない表現」のほうに、美しさを感じていた。

山口　それはいまでも、そうなんです。でも、そうじゃない「おもしろさ」を、発見……発明していったというか。

――そうやって、まだ若いうちは、自分の芸術性や美学に真っ正直なまま、バンドをやっていた……山口さんが。

山口　はい。

――でも、自分の世界観を壊されたくない、美意識を貫きたいと思ったら、「ひとりでやる」という選択肢も、あったと思うんです。

山口　ええ。

――それこそ、イルカさんや吉田拓郎さんみたいに、ソロシンガーとして。

山口　そうですね。

――でも、そこで、そうじゃなく、バンドをやろうと思った理由は……。

山口　音楽をはじめた時点では、そこまで考えてなかったと思います。

――そうですか。

山口　でも、ただ……その当時はやっぱり、自分のつくった曲をメンバーが完全に理解していたわけじゃなくて。だから、ワンマンでしたよ。サカナクションの前のバンドとかは。

――ああ、そうか。ワンマンだった。

山口　自分の音楽という世界観がまずあり、その中で、ベースはこう動いたらいいとか、ドラムはこうだろうとか……最後はこんなふうに展開しようとか。

――いまは、ちがうんですか。

山口　サカナクションでは、委ねています。それぞれのメンバーに。全員のスキルが高いし、ぼくにはない音楽面のアイデアも、たくさん持っているし。

――なるほど。

山口　だから、委ねられるんです。いまは。

ぼくたちは「祈って」いる。

――高校のときにはじめて組んだバンドと現在のサカナクションとでは、規模から何から、ぜんぜんちがっていると思うんですが。

山口　ええ。

――バンドで音楽をやる……というシンプルな部分にも、何かちがいはあるんでしょうか。山口さんの「バンド観」にも、関わることかもしれませんが。

山口　いや、まず……自分がつくった音楽は、絶対的に美しいし、何よりこれは自分のものだという意識がある。

――ええ。

山口　その世界観をメンバーと共有して、音楽として成立させるときは、バンドで、どうアレンジしたらいいのかを考える。数百人ほどのキャパのライブハウスで歌っていたときも、いま、何千万人という……テレビCMで流れる曲の場合には、それくらいの人数が聴くわけですけど。

――はい。すごい数。

山口　そう、うまく想像できないくらい多くのみなさんに聴いてもらうわけで、フィールドは広がっているし、届ける先の規模はちがうし、つくっている音楽の質もちがうんです。

――そうでしょうね。

山口　それでもやっぱり、考え方やスタンスは一緒だと思います。昔もいまも、音楽に対する姿勢の部分は。

――自分のつくった曲は自分のものであり、それらをリスナーに届けるために、バンドというチームで、実現している。

山口　音楽、曲をつくるという行為は、ぼくにとっては、純粋に「ライフワーク」なんですよね。

――生きるということと、ほぼ同義。

山口　はい。そうやってつくった自分の音楽を、どうやって、リスナーの耳に届けていくか、その部分を、バンドのアレンジの中で探っていく。その共同作業のプロセスの途中では、もとの自分の音楽が、また別の美しさに変化していきもする。

――バンドのメンバーっていうのは、そう考えると、どういう仲間たちなんですかね。チームであることは間違いないけど、友だちともちがうだろうし、ましてや家族とも、ちがいますよね。

山口　ぼくは「植物園」みたいなイメージ。

――植物園。

山口　いろんな植物が生きてるんです。植物園には。みんながみんなそれぞれに、ちがう花を咲かせ、ちがう枝を伸ばし、ちがう実をつけるんですけどね。

——ええ。

山口　全体としては、ひとつの植物園をかたちづくってる。枝と枝とがぶつかったりしたら、どっちかを切らなきゃならなかったりもするし、最悪、別の植物に植え替えるという選択もあるけれど。

——ああ……バンドというものに対して、そういうイメージを抱いている。でも、サカナクションって、過去、メンバー交代はないですよね。

山口　ないですね。いまのところ。

——これだけ長く続けているバンドでは、けっこう、めずらしいことじゃないでしょうか。

山口　ひとつには……結成してからずっと、サカナクションには、プロデューサーがいなかったんです。

——え、あ、そうでしたか。有名なことなのかもしれませんけど、すみません、知りませんでした。

山口　編曲もぜんぶ自分たちでやってますし、純粋に音楽的な部分に、メンバー以外の意見が入らないんです。そのことは、大きいかもしれないです。

——なかなかなくないですか、そういうバンド。

山口　ぼくらは当たり前だと思っていたけど、多くの場合はプロデューサーがいるし、編曲家はもちろん、作曲も別の誰かに……というバンドも、けっこうあったりするみたいです。

——はじめからそうで、そのままずっと、そうだったんですか。

山口　はい。

——それでやれているのは、なんでですか。

山口　そういうものだと思ってただけ（笑）。

——レコード会社さんのほうから、プロデューサーは、この人で……とか。

山口　なかったです。

——じゃ、サカナクションというバンドは、自分たちでがんばっていればいいものができるって、思われていたんですかね。

山口　どうなんでしょうね。

――ずーっとプロデューサーがいないまま『新宝島』も『夜の踊り子』も『ミュージック』も『ネイティブダンサー』も『『バッハの旋律を夜に聴いたせいです。』』……も。

山口　ぜんぶ5人でかたちにしてきました。

――何だか、まさしく「バンド」だなあ。次のアルバムの方向性だとか、個々の楽曲の打ち出し方を考えるのが一般的なサウンドプロデューサーの役割だと思うんですけど、じゃ、そういうことに関しては、バンドのメンバーで、話し合いながら。

山口　さっきの植物園の話じゃないですけど、メンバーの間で、音楽的な部分ってバラバラなんです。ある人がジャズにハマっているときに、ぼく自身はダンスミュージックを聴いていたり、かと思えば、たとえばまた別のメンバーはパンクどっぷりで、あるいはクラシックばっかりで、とか。

――ええ、ええ。

山口　そういう5人が集まって、さあ、レコーディングしましょうって、みんな、それぞれに、それぞれの音を聴きながらやってくる。

――5人が5人、好きな色の花を手にして、スタジオへ集まってくる。

山口　そう、で、そのバラバラな花を束ねて、サカナクションというひとつの大きな花束にしていくんです。

――なるほど。

山口　それぞれの花をひとつに束ねていく、混ぜ合わせていく作業が、レコーディングなんだと思うんです。でも、混ぜ合わせようとするんだけど、やっぱり、どこかで、完全には、混ざり切らないんですよね。

――混ざり切らないのは……わるいこと?

山口　混ざらないから違和感が残って、音楽には、その違和感が必要なんです。混ざらないもの同士を混ぜようとする。でも、完全には混ざり切らない。バンドのオリジナリティって、その違和感のことなんだと思ってます。

――音楽というものが「調和」だとしたら、混ざり合わないって、マイナスのようにも聞こえますけど、バンドの場合は、その違和感こそオリジナリティになる。おもしろいですね、バンドって。

山口　何なんですかね……不思議なものです。最近、バンドというものについて、少しだけ、わかったことがあるんです。

——おお、何でしょう。

山口　ステージで歌っているときに何を考えてるんですか……と聞かれて。自分でも何を考えているのか、とくに考えたことはなかったんですが。

——ええ。

山口　祈っているんだな……と。

——祈っている。歌いながら。

山口　メロディと言葉という抽象的なものを、目の前の人たちに、直接、「振動」に託して届けようとするとき、ぼくは「祈っている」んだと思う。そして、そのことは、他のメンバーも同じなんじゃないかと。

——それぞれがそれぞれの場で祈っている。その集合体、それがバンド。

山口　高いレベルで集中しながら、自分たちの出す音をひとつに合わせて、目の前の人に、直に、届ける。その行為って、「祈る」という言葉が、いちばん近いと思うんです。

バンドはゆっくり変わっていく。

――サカナクションが、現在の5人になるまでの経緯って、どんな感じだったんですか。

山口　ぼく、18のとき、前のバンドでビクターに入ったんです。そのバンドが22で解散したんですが、ぼくだけビクターに残り、ソロで楽曲制作をしていたんですね。

――はい。

山口　そのときのサポートで入っていたのが、いまのドラムの江島啓一です。ぼくが、もともとやっていたバンドのファンだったそうです。ギターの岩寺基晴は、解散したバンドで一緒にやっていた人。

――なるほど。

山口　キーボードの岡崎英美は、HMVでバイトしてたときの同僚です。彼女は彼女でバンドをやっていたので、音源を聴いてもらったら「すごい、いいね」って言ってくれて。

——じゃあ一緒にやろうか、と。

山口　それまで、バンドにキーボードを入れたことがなかったので、何か、おもしろそうだなって。ベースの草刈愛美は、ぼくらがよく対バンしてたバンドのベーシスト。当時から上手いと言われていて、彼女のバンドが活動休止になったとき、手伝ってほしいと頼みました。

——そんなふうにしてはじまったんですか。サカナクションって。

山口　そうなんです。

——半径数メートルみたいなところにいたミュージシャンたちが、少しずつ、船に乗り込んでくるように。

山口　はい。

——全国から上手な選手を集めた高校野球のチームが強いのは当然ですけど、そうやって半径数メートル以内で生まれたバンドが、誰ひとり脱退せず、トップチームになっていく物語なんですね。サカナクションって。

山口　偶然の重なりなんです、ぜんぶ。

——音楽業界の「オトナ」っていうか、サウンド面のプロデューサーもいないまま。はあー……すごいなあ。

山口　札幌選抜じゃないですけど、何だか、そういう感覚はありました。

──そうなれた理由って何なんですかね。

山口　結局、モチベーションの差だと思う。バンドで食っていきたいのか、それとも、趣味でやりたいのかって。

──そこのところの意識が、サカナクションでは、そろっていた？

山口　ですね……自信があったんですよね。自分たちのやってる音楽やジャンル、そしてバンドそのもの……が絶対に受け入れられるはずだって、メンバー全員が、思っていたんです。

──最初の5人のまま、ずっとやり続けているわけですけど、変わらないものですか。それとも、何か変わりましたか。キャリアや時間の経過とともに。

山口　数年前、草刈に子どもが生まれて。

──はい。

山口　そのときに「ああ、バンドだけじゃないんだよな」と思ったんです。つまり、メンバーにも私生活があると。当たり前なんですけど（笑）。

——なるほど（笑）。

山口　ぼく自身については、音楽だけ、このバンドのことだけしか考えて生きてこなかったんですが、メンバーには、それぞれに、そうじゃない時間や人生があるんだと。

——ええ。

山口　それぞれが、それぞれに、自分の幸せを求めているんだなあって。そのときハッキリわかったんです。

——そうなんですね。

山口　それまでは、朝から次の日の朝まで寝ないでレコーディングして、もうほんとに誰かが倒れる寸前になるまでやって。

——わあ。

山口　でも、メンバーに子どもができたら、時間の制限が生まれるんです、当然。そのとき、バンドって、こうやって変わっていくのか……と。

——それは変わりますね、きっと。

山口　だから、そういう状況に直面して、何だかこう、会社の上司の役じゃないんですけど、「きちんと時間管理しないと」みたいな頭がはたらき出すんですよ。バンド以外のことに時間を割かなきゃならない人たちにかかる負荷を、どうやって分散していけばいいかと。

——マネジメント的な考えが出てきた。

山口　あと、子どもができて環境が変わると、聴く音楽も変わってくるんです。あるいは、たとえば、メンバーの誰かに彼女ができたりとかした場合、微妙に、そのメンバーの趣味嗜好に、その彼女の趣味とかが混じってくるし。

——メンバーの人生の移り変わりとともに、バンドそれ自体も、ゆっくり、変わっていくんですね。

山口　そう。そうやって人生が展開していくことは素晴らしいことだし、バンドにいい影響を与えることも、もちろんたくさんありますよね。

——ええ、ええ。

山口　その一方で、これは……わかんないですけど、それぞれの重心が完全にそれぞれの生活に移ったら、うまくいかなくなるだろうなって気はして。

——バンドとしては。

山口　メンバーの中で、誰かひとりでも……自分たちのバンドや音楽というものと心中するくらい、バンドに埋没していかないとダメだと。それはつまり、自分のような人間が、これまで以上に。

——山口さんは、その役割を引き受ける人。

山口　バランス取れなくなるんじゃないかな。そうしていかないと。

——太陽系の真ん中に太陽がいるみたいに、色とりどりの惑星たちが、宇宙の彼方へ飛び出していかないよう、引っぱり続ける人。太陽系が、バラバラにならないように。

山口　うん……だと思うんですよね。ぼくは。それぞれの中にバランスの取り方があるとも思うので、勝手に、ですけど。

——そうやってバンドに向き合う気持ちは、昔から……ですか。

山口　高校生で、バンドをはじめたころには、それっていったい何なのか、あんまりよくわかってなかったんです。単純に、高1のとき、同級生でバンドをやってるやつがいて。入学したてのころ、自己紹介の時間があるじゃないですか。

――はい。何言っていいかわかんないやつ。

山口　そう、だからぼくも、何気なく「ギターを弾いてます」って言ったら、あるやつから「俺はベースを弾いてる。一緒にバンドをやろうよ!」って。

――誘われて。

山口　ただ、バンドをやりたい高校生でギターっていったらふつうはエレキギターじゃないですか。でもぼくの場合はアコギだったんです。

――お父さん譲りの、ですよね。

山口　だから、そいつに「ぼく、アコースティックギターだし、自分の曲くらいしか弾けないよ」って言ったら、「え、おまえ自分の曲あんの?」って。

――ええ(笑)。

山口　そんなところからはじまっているんで、すべてが、手探りだったんです。スタジオに入るのもはじめてならば、バンドのために曲を書くのもはじめて、ギターはギターのパートを考えて、ベースはベースラインを、ドラムはドラムをどう叩くか……って。

——はい。

山口　高校3年間ずーっと、やってたんです。めちゃくちゃハードな部活みたいな。それしかやってませんみたいな勢いで。あのときのまんまの感覚で、いまも目の前のバンドに向き合ってます。

リアルじゃなければ驚けない。

——はたから見ていると、バンドって、おもしろいだろうなあって思うんです。

山口　ああ、そうですか。

——たとえプロじゃなくても、楽器はじめたばかりの中学生とかでも、バンドを組んでるってだけで、どこか誇らしげだし……。

山口　ええ（笑）。

——いま、山口さんはどう思っていますか。バンドの楽しさ、について。

山口　楽しいですよ、ただただ。もちろん、これだけ長くやっていれば、苦しいときだってあれば、もう嫌だなって瞬間もあるんですけど。

——はい。

山口　仕事だという感覚でやってたことって、一瞬さえもないと思う……たぶん。うん、やってない。仕事としては。だから、バンドというものに対しては、独特の感情……があります。

——独特。

山口　新しい音楽が生まれた瞬間や、音楽的に新しいものを発明できたとき、あるいは、ライブでひとつになれた瞬間だったり、その都度その都度、うれしいですし、楽しいんですけど。

——ええ。

山口　ガッツポーズが出たりすることがある。本気でハイタッチしたりとか。そのときの心の中のありようが、うれしいし楽しいのは確かなんだけど、何だかもう、そういう言葉でも捉えきれないような。

——では、どういう……。

山口　シャッターチャンス、みたいな瞬間に、ガッツポーズとかハイタッチとかを本気でやることって、大人になったら。

――ないですよね、なかなか。

山口　バンドをやってると、あるんですよ。そういう瞬間が。それも、けっこう。

――それはたとえば、どんな瞬間ですか。

山口　アカデミー賞で最優秀音楽賞を受賞したときは、全員でガッツポーズでした。自分たちのつくった音楽で評価してもらえたことに、感動して。

――5人で成し遂げた……ということが、大きいんでしょうかね。

山口　5人だけじゃないんです。サカナクションの5人が中心だけど、そのまわりを、いろんな人が支えてくれているので。

――ああ、そうですよね。

山口　チーム・サカナクションって安易な呼び方をしているんですけど、ようするに、ライブのスタッフ、マネージャー、ヘアメイクさん、スタイリストさん、自分たちに関わってくれてる人たち、みんな一緒にサカナクションという大きなプロジェクトを動かしている。そういう感覚があるんです。

――なるほど。

山口　そのチーム全員で感動できたときに、バンド最高って思う（笑）。

――ああ、もう、サカナクションというバンドのメンバーが増えていく、バンドの概念が拡張していくような。

山口　そうかもしれないです。音楽業界の一次産業、二次産業って、よく言われるんですけど。

――どういうことですか。

山口　音楽……つまり、バンドが一次産業。それで、照明やＰＡは二次産業と。だから、まずバンドがいなかったら、二次産業の人たちは、何にも仕事がなくなっちゃうんだと。

――なるほど、そういう意味で。

山口　そういう感覚は、ぜんぜんないんです。だって照明さんがいなかったとしたら、見えないじゃないですか。どんなに高いジャケット着ていても。

――たしかに（笑）。

山口　ＰＡさんがいなかったら、ぼくらの音は届いていかないんです。

――目の前のお客さんにさえ。

山口　だから、ライブについて言えば、一次産業とか二次産業とか関係なく、一緒にデザインしている感覚。ぼくたちは音楽をつくるプロだけど、照明をつくるプロや人の耳に音を届けるプロと一緒に、ライブを、デザインしているんです。

――それは当然、ライブだけじゃなく……。

山口　レコーディングでも、MVの制作でも、サカナクションというバンドのすべての活動においてそうですよね。楽しいんですよ。それぞれのジャンルの変態がいるから。

――変態。褒め言葉としての。

山口　あ、この人、変態だな。あ、この人は変態じゃないな……って、すぐにわかるんです。だって、自分たちも音楽変態だから。

――音楽変態。いい表現だなあ（笑）。

山口　中途半端な気持ちでやっている人とは、やっぱり繋がっていかないです。「この人、本気を通り越して狂気だな」みたいな人を見かけたら「すみません、一緒にやりましょうよ」って声かけたりしてます。

――じゃあ、次、山口さんに誘われた人は「俺は、わたしは、変態なんだな」と。

山口　そうです、そうです。そういう変態たちと一緒に遊べる……そう、サカナクションというバンドに集まってくる変態たちと、一緒に遊べるのが、おもしろいんです。

――変態のみなさんと、本気で遊ぶ場所。

山口　それが「バンドのおもしろさ」かな、と。

――でも、昔の絵画なんかを見ていても、どうにも惹かれる作品って、ただ上手なだけじゃない、ただ綺麗なだけじゃない、ある種の「狂気性」みたいな何かが、宿っているような気がします。

山口　そうですね。

――モネなんかにしても、美しいけれど、ふと冷静になってみたら「わあ、なんだこりゃ！」って作品、たくさんありますものね。実際、モネが出てきた当時は、そんなふうに言われたわけですけど。

山口　うん、うん。

——で、それと似たようなものを、サカナクションの音楽にも感じます。美しいんだけど、それだけじゃないというような。

山口　それは「リアル」ということかなと、ぼくは、思っています。やっぱり、リアルなんです、ぼくら。

——リアルに、ぼくらは狂気を感じてる？　作品に潜む「リアル」に。

山口　モネもゴッホもそうだと思いますが、見たままを描いてるわけですよね。

——はい。睡蓮も、ひまわりも、「あんなふうに見た」ということで。

山口　それが彼らにとってのリアルならば、ぼくらは、そのリアルに心を掴まれてるんです。彼らのリアルには「質量」がある。自分たちのつくる音楽に狂気性や違和感が……つまりはオリジナリティが潜むとするならば、それは、いま、見ているもの、感じていること、それらを探求していった先にしか、たぶん、ないんだろうなと。

——リアルに、ぼくらは、狂気を感じる。

山口　少なくとも、ぼくたちは、そうじゃないとハッとしないんです。

――リアルじゃなければ、驚けない。

山口　自分が書いた歌詞の意味が、突然「跳ねる」瞬間があるんです。想像してなかったような意味合いを、文章の連なりの中で、言葉がいつの間にか獲得していたというか。

――なんとなくわかります。ああ、そういうことだったのかって、あとからわかるような感じですかね。

山口　スタジオでセッションしていても「えっ、いまの何?」みたいな違和感が、急に降りてくるようなことがある。

――自分たちがびっくりしている状態。自分たちに対して。

山口　そういう「驚き」って、小手先の作為では、やっぱりダメですね。「リアル」というものに、どこかで触ってないと、訪れないんです。やっぱり、自分たちのつくったものに自分たちで驚くことが、ひとつ、大切なことだろうと思います。

同じ土壌に根を張っている。

――客席とひとつになる感覚……って、よく聞くフレーズで、実際、ミュージシャンの人たちも口にすると思うんですが。

山口　ええ。

――それって、どんな感覚なんですか。ミュージシャンの側からすると。

山口　ああ、ぼくらの側から。

――観客としてなら、なんとなくは、わかるんですけど。

山口　ぼくらのほうでも、あ、いまお客さんと繋がってるな、そういう……感覚を肌身で感じる瞬間があるんですよ。言葉と音を使う自分たちなりの感情表現に対して、お客さんが自然に受け入れてくれたり、ささいなことにも、敏感に反応してくれたら、それは、コミュニケーションがうまくいってるということだと思う。

――なるほど。

山口　逆に、ライブの出来や演出如何で、今日のお客さん、最後まで緊張したまま終わっちゃったとか、逆に緊張してほしいところで、緊張してもらえなかったとか、そういうときはわかりやすいです。

——ああ、そうですか。

山口　全体の世界観に関係してるんです。そのあたりのことって。演奏中にミスタッチした……とか、そういうことより、きっと。

——一体になれるかどうか……は。

山口　そのために、この曲が終わって、次の曲がはじまるまでの間に、もう1秒空けよう……とか、いや2秒かな……とか、けっこう細かくやっていて、まあ、常に試行錯誤ですね。

——山口さんのお話を聞いていると、おっしゃってることが、どこか絵画的だなあと思うんです。絵として浮かんでくる、というか。

山口　そうですか。絵は好きですけどね。

——ちなみにですが、どんな画家が？

山口　パウル・クレーとか。

——おお。

山口　はじめて観たとき感動したんです。あれ何でだろうって考えていたら、ふと気づいたんです。音楽的なんです、絵が。どこか。

——ああ……なるほど。たしかに、どこかリズミカルだし、メロディが聴こえてきそうな感じ。

山口　幾何学的な画面に、刻々とした変化を感じるんですよ。魚の絵も描いたりしてるし（笑）、最初のうちは、ただ直感的に好きだったんですが。

——ええ。

山口　これはあとから知ったんですけど、クレーの両親って音楽家、ミュージシャンだったそうです。それで、本人も音楽をやったりしてる。

——そうなんですか。だから惹かれた。

山口　どこかで、音を視覚化したりしているんだろうか……とか、そこに自分は反応したのかなとか。だから、そういう意味でも、やっぱりぼくは、つくりものや見せかけでないもの、リアルなものに反応するんです。リアルなものにしか反応できない。

——うん、うん。なるほど。現実にしっかり根を張った、根拠のたしかなもの……というか。

山口　音楽の創作を通じて、またバンドというものを通じて、常に、無意識に、自分にとっての本当って何だろうと考えていると、本物かどうかを見極めるリテラシーが、自分の中で形成されてくるんです。

——ええ。

山口　ぼくは「リアルなもの」に、重みを感じてきたんだと思います。非現実的で重みのないものには、何であれ、反応することができないんです。

——バンドって、リスナーからすると、何だか、どこか、不思議な集合体に見えるんです。ライブで演奏を聴いていると、まったく強固な、硬い分子構造の結晶みたいなのに、ふとしたことで、バラバラに砕け散っちゃう脆さを同時に抱えているようで。

山口　なるほど。

——そのあたり含めて魅力的なんです。最後ですけど、山口さんにとって、バンドって何だと思いますか。

山口　植物園じゃないですか、ほんとに。

――ああ、やっぱり、そこに。

山口　バンドという「植物園」の中に、それぞれのメンバーが、それぞれの花を咲かせている感じ。

――バンドを……「動物園」じゃなくて、「水族館」でもなくて（笑）、「植物園」のイメージで捉えている理由って、何ですかね。

山口　根元は一緒だからじゃないですか。

――ああ、なるほど。根っこを張っているのは同じ土壌。

山口　そうです。同じ土壌に根を張ってるんだけど、咲かせる花は、バラバラ。

――なるほど。

山口　吸い上げる栄養分も、自分の好み。同じ人でも時期によってちがう。昨日まではジャズだったけど、今日からはクラシックです、とか。

――はい。

山口　完全には混じり合うことがなく、最後のところで「個」を保ったままで、ひとつの大きな絵を描いている。

——高い空から俯瞰で見下ろしたときには、メンバーの個性をいい意味での違和感として残したまま、ひとつの音楽を奏でている。

山口　土が一緒だから、一蓮托生だし。

——そうか……雨が降らなかったら、みんな枯れちゃうし、お天気に恵まれたら、みんながぱあっと花を咲かせる。

山口　でも、中に入ってみると、わりとゴチャゴチャしてるんです。

——熱帯のジャングルみたいに（笑）。

山口　と、思ってます。いまのところ。

——バンドの数だけ、植物園があるんですよね、きっと。

山口　そうだと思います。メンバー全員が同じ植物……たとえばみんな「イチイ」だったら、ただの「林」ですよね。

——そうですね。イチイの林。

山口　でも、ぼくらサカナクションには、イチイもいれば、スギもいる。ヒノキもいれば白樺もいるんです。

——色とりどりの花が、咲いていて。

山口　個性が個性のまま活きる塊だけど、一歩引いて見たら、ひとつの世界が広がってる。日によって、季節によって、タイミングによって、その見え方はちがったりするけど。

――春には緑で、秋には赤で。

山口　元気のいい木がいて、元気のない木もいて。バラバラだからこそ、左右非対称のおもしろさがあって、反対に、ビシッと左右対称でそろえて見せたときの美しさもあって。

――そういうバンド観。

山口　メンバーの気持ちや趣味や人生の移り変わりによって、これまでも、この先も、いろいろとかたちを変えていくものが、バンドなのかなあと思います。

――植物園に、いろんな魚が泳いでるんですかね。

山口　ああ、そうかもしれない（笑）。

2020年10月29日　自宅アトリエにて

歌う理由、歌う場所。

蔡忠浩にとってバンドとは何か

ゴレンジャーに似ている……？

――大げさに「バンド論」と掲げてますが、ようするに、バンドって不思議だな、あれって何なんだろうということを、バンドのみなさんに聞いて回っています。

蔡　ああ、バンド。そうですね。戦隊モノじゃないですかね。

――いきなり答えが出ちゃった（笑）。

蔡　どっちも人数、5人とかでしょ。それぞれに個性があって、きちんと役割が割り振られていますし。昔でいう『ゴレンジャー』とか。バンドって、あれに似てるなあとか思ったりします。

――レッドは情熱的で、ブルーはクールでイケメンで。

蔡　イエローはカレーが大好き(笑)。

――その「バンド観」は、昔から？(笑)

蔡　ずいぶん前……3人でやってたとき、ある人からキミら『サンバルカン』みたいだなって言われたことがあったんです。

――スリーピース時代のエピソードですか。おもしろいですけど(笑)。

蔡　ちなみに『サンバルカン』って、戦隊モノの中で、毛色がちがって衝撃的だったんですよ。

――ああ、3人しかいませんしね。

蔡　それもそうなんですけど、途中でレッドが代わったりするんです。たしか、物語の中では、NASAの宇宙飛行士になるといって、アメリカへ行っちゃう。

――え、そうでしたっけ？

蔡　そのあとに、新しいレッドが来るんです。

――ボーカル交代じゃないですか、それ。

蔡　そうなんですよ。斬新すぎる展開で。だから、バンドたるもの、同じメンバーで続けるべきだっていうバンドマンもいると思うけど、ぼくは、あんまりそうは思ってなくて。

――バンドの話に戻ってきた（笑）。

蔡　バンドを戦隊モノとして捉えるならば、『サンバルカン』を見てみろ、レッドさえいなくなることもあるんだ、そう思ってやってます（笑）。

――でも、入れ替わったばかりのレッドに、違和感ありますよね、ファン的には。

蔡　最初はね。ぼくも違和感ありましたし、レッド自身も空回りしてました。しばらくして馴染んでいくんですけど、子ども心に「新しいレッド、がんばれ！」って。

――ああ……信頼を獲得していく物語でもあったっていうことですね。デイヴィッド・リー・ロスのあとに来たサミー・ヘイガーみたいな。ヴァン・ヘイレンのことをあまり知らないまま言ってますけども。

蔡　いや、でも実際そうですよ。前のほうがよかったっていうファンは、絶対、いますもんね。

――自然に話をバンドに戻しますが（笑）、そういう蔡さんが、はじめてバンドを組んだっていうのは。

蔡　高校……いや、浪人中です。大阪の美術の専門学校に通ってるとき。秋に制作物の発表会があるんですけど、その学校の講師の先生たちが、20代とか30代とかで、まだ若くて、音楽の好きな人たちばっかりで。

――ええ、ええ。

蔡　クラス対抗で、ライブやろうってことになったんです。ぼく、昔ピアノを習ってたんで「キーボードやりまーす」って手を挙げて。それが、はじめてのバンド体験。

――最初は、キーボードだったんですか。でも、世のバンドマンと比べると、少し遅くないですか、はじめるのが。

蔡　いや、ぜんぜん遅いと思います。そもそもは、美術の大学へ行きたいと思ってたので、ひとりで絵を描いたり、マンガを読んだりするのが好きな子で。

——そうだったんですか。画家志望。

蔡　音楽よりも、絵のほうが、ぜんぜん。音楽を聴くことも好きだったけど、グループを組んで、みんなで何かをするということ自体、苦手だったんです（笑）。

——でも、バンドをやってみたら……。

蔡　めちゃくちゃおもしろかったんです。しびれるくらいに、楽しくて。

——いいなあ、青春だ。

蔡　その後、美術の大学に入るんですけど、高校の友だちとバンドを組みました。とりあえず、みんなが知ってる音楽からやらないと、しっちゃかめっちゃかになるんで、最大公約数ということで、ビートルズのコピーをやっていました。

——じゃ、当時からボーカルで？

蔡　いや、あの、ビートルズって、ボーカルが何人もいるじゃないですか。

——ああ、そうか。

蔡　そのとき、ギターとピアノがいたので、ぼくはベースにしました。ボール役。ひたすらバンドスコアをなぞりながら、みんなでコーラスを練習して。だから、ようやく20歳の手前で、バンドをやりはじめたという感じです。

――ゆくゆくはプロになろうとか……。

蔡　ぜんぜん。1ミリも思っていませんよ。だって、そんな実力ないし、ただただ、楽しいからやっていただけ。

――何が楽しかったんですか。バンドの。

蔡　突き抜ける気持ちよさが、あるんです。音楽……ロックバンドって、とくに。当時、音のつくり方もわかんないから、きったない音だったと思うけど、とにかくでっかい音をドカーンと鳴らしたときの気持ちよさ。あれが、忘れられなくて……。

――突き抜けるような、気持ちよさがある。

蔡　下手は下手くそなりに爆音を出したら、大いなる錯覚なんだけど、ビートルズに近づけたような気がした。気持ちいいなあ、バンドって……って。奥野さんもギター弾くんですよね？

――いや、ぼくはただのアマチュアなので。

蔡　それは関係ないですよ。気持ちよさって、同じじゃないですか。プロだろうがアマチュアだろうが、もう、あの、形容しがたいゾクゾク感。

――そこで、ハマってしまわれた……と。

蔡　ただ、それでも、まさか「音楽を職業にする」だなんて、思ってませんでしたけどね。

――その時点でも、まだ、絵描きに……。

蔡　はい、なりたいと思っていましたよ。バンドで稼ごうだなんて、もう考えたことすらなかったですし、大学では彫刻だったんですが、作家になりたくて、ボロいモルタルのアパートを借りて、そこで絵を描くのが日常でした。

――じゃ、バンドはやりはじめたけれど、これで食ってくなんて思いもよらず。

蔡　趣味ですよね。大好きな趣味です。平日は、アトリエで絵を描いたり、美術の勉強をしていて、週末の夜中に当時のメンバーがバイトしていたスタジオで練習してただけ。

——そんな生活を……。

蔡　1年半くらい、続けていましたね。週末の夜中の12時にメンバーの車に乗っけてもらってスタジオに入って……。

——ライブは？

蔡　やってました、ちょろっとだけど。大阪城の近くに森ノ宮という駅があるんですけど、そのあたりにある青少年会館みたいな施設の中の大きなスタジオを、やっすい値段で借りられたんです。

——ええ。

蔡　そこで、ライブをやっていました。よかったら観に来てよって、高校のときの友だちに連絡したり。でも、それくらいの感じです。

——定期的に練習してライブもやって。でも、プロになる気配は……。

蔡　ぜんぜん、なかったんです。

音楽というより、美術が。

――bonobosっていま、5人ですよね。

蔡　ええ。

――bonobosのライブを観ていて感じるのは、5人のミュージシャンが、それぞれ自分の楽器を好きなように、自由気ままに演奏しているようでいて、バンド全体としては、完璧なハーモニーを奏でている、という。

蔡　ああ……。

――不思議な感覚を覚えます。魔法みたいな。

蔡　テクニックがあるんで、うちの人たち。

――だから、ライブを観ていると、ついつい、ふわーっとしちゃうんですよ。ギターもピアノもすっごくかっこいいし、リズム隊も凝っていて隙がないし、蔡さんの歌声は心地いいし。で、このバンドは、音楽だけ前のめりにやってきた人たちの精鋭部隊なんだろうと思ってたんです。

蔡　あ、そうですか。

――でも、はじめは、そうじゃなかった。

蔡　ぼくはね。他の……たとえばベースの森本（夏子）さんとかは、中学生くらいからギターを弾きながら歌ったりしてたみたい。

――あ、最初はギターだったんですか。

蔡　大学のときにベースに持ち替えて。はじめ、bonobosでドラムを叩いていた辻（凡人）くんと一緒に、京都や大阪界隈で、さすらいのリズム隊としてさすらってた。

――ふたりで、いろんなバンドに参加して？　かっこいい……！

蔡　鍵盤の田中佑司は、もともともっとクラシックな人なんです。音大の打楽器科卒業で、鍵盤以外に、ドラムも叩ける。で、ギターの小池龍平は、早稲田の音楽系サークルに所属していて、ジャズやブルースをやってたみたい。

――で、ボーカルの蔡さんが、画家志望。

蔡　そう（笑）。ぼくだけ、ひとりだけ。

――美術が、音楽家・蔡さんを育てた……？

蔡　どうなんだろう、少なくとも、大学くらいまでは美術にどっぷりでした。午前中は、美術の一般教養の授業に出て、午後はずっと彫刻、彫刻、彫刻で。で、家に帰ったら、自分の描きたい絵を描いたりしてたので。

——どんな絵を描いてたんですか。

蔡　ぼくが学生だったころって、関西では抽象表現が全盛だったんですね。だからぼくも、そんなのが多かったかな。

——ジャクソン・ポロックみたいな？

蔡　あるいはロシアからアメリカへ亡命したマーク・ロスコも人気でした。ドイツの巨匠ゲルハルト・リヒターとか、変わったところでジグマー・ポルケとか。みんなそんな抽象画ばかり見てたし、だから自分も、そんなような作品をよく描いていました。

——音楽的だと、言えなくもないような……そうとも限らないか。

蔡　まあ、当時、真剣にやってはいましたが、しょせんは学生で、自分のスタイルを見つける前でしたけど。何だか、美術の話になってますね（笑）。

——いや、でも、重要じゃないですかね。のちの「蔡忠浩」をかたちづくるものが、美術や絵画であるのなら。

蔡　ああ、そうですかね。影響は、もちろん強烈に受けてますけど。

——以前、アムステルダムにあるゴッホ美術館へ行ったとき、１フロアが自画像で埋め尽くされていて。何十人だかわかんないんですが、全面ゴッホ。

蔡　えー、すごいですね。それ。

——ゴッホの自画像って、ひとつひとつ、ぜんぜんちがう顔をしてるじゃないですか。孤独な人が、自分の内側に、あれほどまで、さまざまな表現欲求を溜め込んでいたことに圧倒されて、感動してしまって。

蔡　生み出すものがどんどん変わっていく人って、いますもんね、音楽でも。

——bonobosも、ですよね。わりと。

蔡　そう、うちもけっこう変遷がありますね。時代時代で、バンドの編成によっても。だから、その気持ちはわかる気がします。

——そうですか。

蔡　くるりの岸田(繁)くんなんかも、どんどん、音楽性が変わってますもんね。曽我部（恵一）さんなんかも、そうだし。

——あー。

蔡　サニーデイ・サービスのデビュー作とそのあとの『東京』とじゃ、ぜんぜんちがったりするじゃないですか。最初の解散前の『LOVE ALBUM』では、テクノっぽいこともやってるし。

——たしかに。

蔡　そんなふうにして、内に表現したいものが渦巻いているとき、「スタイルを選ぶ」というよりは、作品を突き詰めていくにしたがって……自分の中にある「アートって何だろう」「音楽って、何だろう」という問いの答えに一歩でも近づくために、みんな、わりと自然に、変わっていくんじゃないかなと思います。

——次はこれでいこう……とかって、意識的、選択的に決めてるんじゃなくて。

蔡　ただ、ピカソみたいな天才的な芸術家は、かなり意図的、戦略的に、スタイルを変えていたかもしれません。最初にキュビスムをはじめたジョルジュ・ブラックのところへ行って「ふ～ん」「いいね」なんつって、ブラックよりいい感じのキュビスムの絵、描いちゃうわけですから。

——それができてしまう才能、ということでも、あるかもしれませんね。

蔡　たしかに。上手いし、はやいし。モンスターですよ、ピカソこそ。

——話がどんどんずれますけど、大丈夫だと思って進めますけど（笑）、大阪で美術といえば、先日、森村泰昌さんに取材したんです。いまの話……つまり、ゴッホがあれだけ自画像を描いたのはなぜだと思うか、森村さんのご意見を聞いてみたんです。

蔡　何て言ってました？

——ゴッホは、当時の印象派とはちがって、きちんと「輪郭線」のある自画像を描いていたわけですけれど、そうすることで、自分が「まだ、正気であること」を、たしかめていたんじゃないか……って。

蔡　おもしろいなあ。輪郭線は、正気の証。

——狂気と正気のあわいに生きてたゴッホが、かろうじて正気のときに「俺は大丈夫だ」と証明するかのように輪郭線で縁取られた自画像を、ああして、描いていたんじゃないかって。

蔡　やっぱり絵というものは「観察」だから、鏡を通して自分と向き合うとわかるのかもしれない。自分が大丈夫かどうか……って。

——ゴッホが自殺する直前に描いたとされる、麦畑をカラスが飛んでる絵、あれ、輪郭線がほとんどないんですって。そこでは色彩の海、つまり狂気の世界へと、ゴッホ自身、溶けていってしまったんじゃないかって。

蔡　さすが森村さん。おもしろい視点ですね。美大の学生のときに、尊敬していた絵画の先生がいたんですが、表現というものは、何であれ「自画像」みたいなものだ、と。

——顔を描いてなくても。

蔡　自分の心と対面しながら描くものだから、すべては自画像なんだと。マーク・ロスコって、最後に猟銃で自殺しちゃったんですよね。作品がゆらゆら変化していって最後に自死で終わるというのは、芸術と芸術家本人の一致を見た気がした。

——で……そんなふうにして、真剣に美術と向き合っていた青年がバンドで食っていく物語、それがこれからはじまるわけですね。

蔡　はい、ただ単に好きで続けていた先に、運よくプロへの道が開けたんですけど、あるときに「あ、これが俺の仕事なんだな」って、ストンと納得した瞬間があった。

――そうなんですか。

蔡　以来、音楽と真剣に向き合いはじめて。同時に、美術からは、意識的に遠ざかっていったんです。

バンドだから、続けられた。

――趣味でやっていたバンド活動が、どうやってプロへの道へ繋がっていくんですか。

蔡　高校の同級生とやっていたバンドに、ベースの森本さんやドラムの辻くんが入ってきて、5人とか6人の所帯になったんです。

――ええ。

蔡　同時にライブもやり出したんですが、当時は、ぼくともうひとりのギターボーカルのやつが、曲をつくってたんですね。で、よく聴いていた音楽も、他のみんなと微妙にちがっていたりしたんですが、半年くらい経ったときかなあ。

——はい。

蔡　バンド辞めてくれないかって（笑）。

——ええええ、マジですか。

蔡　ある夜、練習の予定だったんだけど迎えに来ないなと思ってたら、メンバーから、電話がかかってきて。「いや、辞めてもらおうかと思って」みたいな話で（笑）。

——えっと、何でしょう、いわゆる、世に言う「クビ」っていうやつ……？

蔡　そう（笑）。

——ひゃー……バンドの人って、そうやって脱けていったりするんだ。

蔡　それにしたって急だから、ちょっとムカッとはきましたけど、そのときは、「……ま、いっか」と思ったんです。

――え、俺には絵もあるし、と?

蔡　そう。ただ絵は描き続けていたけど、行き詰まっていました。ダメだ、俺にはぜんぜん才能がねぇ、みたいな悪循環に陥っていて。

――ものをつくっていると、定期的に、やってくるやつですかね。

蔡　そうそう、その「谷」にはまったとき、ギターで曲をつくったり、アトリエをスタジオの代わりにして、デモ音源を録音していたんです。

――バンドは辞めてと言われたけれども、音楽は、辞めることなく。

蔡　ですね。で、そうこうしてるうちにベースの森本さんが、バンドを辞めることになったんです。

――蔡さんにクビを言い渡したバンドを。

蔡　そのバンドは、あと少しでデビューできるっていうタイミングだったんですけど。

――わあ。でも、辞めちゃって。

蔡　で、森本さんが言うんですよ。「あたし、まだバンドやりたいから、おまえ曲つくって歌え!」と(笑)。で、気がついたら、ぼく以外の人がメンバーを集めはじめて、いつしかバンドになっていたんです。

――それが、bonobos？

蔡　そうですね。

――そういうはじまり……だったんですか。

蔡　はい。ライブを2～3回やったら、デモテープをつくろうって話になり、それを聴いたレコード会社の人がすぐにやってきて「デビューしようか」みたいな感じ。

――ええ、すごい。クビからのスピード感が、半端ない。

蔡　自分のまわりで何が起こっているか、実際、よくわかってなかったですね。

――曲もたくさんつくってたんですか。

蔡　4曲か5曲くらいしかなかったです。

――それでも、デビューできたんですか。

蔡　はい。

――その、レコード会社の担当の方には、bonobosの何が、心に引っかかったんでしょうね。

蔡　わかんないです。

――じゃ、蔡さんの気持ちとしては、バンドが好きでアマチュアでやっていた当時から、急にプロになったことで……。

蔡　いや、気持ちは変わんなかったです。

――役割も？

蔡　はい、ボーカルで。おんなじですね。他にできることもないし。いちおうギターはぶら下げてたけど、ほぼ弾けませんでしたから。

――それ以上の何かが、あったんですね。スカウトする側にしてみたら。

蔡　当時フィッシュマンズみたいな音が好きだったんですけど、レゲエだとかロックステディのギターの役割って、いわゆる「裏打ち」なんです。

――2拍目と4拍目にリズムをとること、ですね。裏打ちって。ンチャンチャンチャ……って感じで。

蔡　これならできるかなとは思いました。まわりのメンバーが上手だったので、ぼくのつくった曲を、みんなが勝手にアレンジしていく感じでした。

――蔡さん以外のメンバーは、どなたも曲は書かなかったんですか。そこは蔡さんの持ち場だってことで。

蔡　いまは辞めちゃってますが、ギターのコジロウは書いていました。

――ああ、佐々木康之さん。

蔡　当時のディレクターから「コジロウくんもどんどん書いてね」と言われていて、「じゃあ」って書いたのが『THANK YOU FOR THE MUSIC』。

――おお、名曲。

蔡　bonobosで世に出てヒットした曲って、けっこうコジロウが書いてます。でも、それ以外は、基本的には、ぼくが書いてきました。何でだろう……ぼくの書いた曲を、みんなでアレンジしてつくり上げることがほとんどでした。

――美術の道を歩んでいた蔡さんの、曲を生み出すという創造性の部分を、技術の高いメンバーたちが、素晴らしく、かたちにしていったと。

蔡　ずっと、そうやってきてますね。

――美術作家になりたかった人が、プロの音楽家集団のフロントマンに。

蔡　だから、デビューしてからしばらく、自信も自覚もなかったんです。何とか歌えはしたけど、それだけ。

——どうして続けられたんですかね。

蔡　そうだなあ……ああ、でも、曲をつくるのは好きだったんですよ。歌詞を書くことも、性に合ってたし。

——なるほど、そこが支えたんですかね。クリエイションへの欲求が。

蔡　子どものころ、ぼく、クラシックピアノを習ってたんです。真っ白な五線譜に先生が、1〜2小節だけメロディを書き込むんですよ。で「来週までに続きを書いてきてね」という課題を毎週やっていて。

——最初の作曲体験。

蔡　それが……めちゃくちゃ楽しかった。なーんにもない真っ白なところから、好きなように何かをつくり上げることの楽しさとか自由さを、ずっと味わわせてもらっていたんです。

——絵を描くようなことですね、まさに。蔡さんの「声」も、天賦の才ですよね。まさしく「歌声」という感じだし。

蔡　歌い方だとか、声の出し方については、変わってきているとは思いますけどね。デビューのころの音源を聴いたら「何かカワイイ声してんな、コイツ!」とかって思いますもん。あんな声、いまはもう出ませんし。

——蔡さんみたいに、音楽的な素養はもともとあったけど、絵のほうが好きだったとか、運命のめぐり合わせとかで、生涯、音楽やらない人もいますよね。

蔡　でしょうね。

——でも、蔡さんの場合はバンドというものにある意味、巻き込まれていったせいで。

蔡　そう、バンドマンになったんですよ。まわりのおかげなんです。自分ひとりだけだったら、音楽をやろうとは思いもしなかった。

——いまも絵を描いていたかもしれない。

蔡　そうですね、ひとりで。アトリエで。ぼくは、バンドだったからこそ、音楽を続けてこれたんだと思います。

絶対に「音を止めない」ために。

――そうやって音楽を続けてきたけど、どこかの瞬間で「ああ、ここが俺の場所なんだな」と自覚するわけですよね。

蔡　まず、プロになった理由は明確で。

――というと?

蔡　美術で食っていきたかったときに、月の半分くらいは制作の時間に充てたかったので、大学卒業後は、郵便局でバイトをしてたんですね。

――あ、そうなんですか。

蔡　ギリギリ生活できるだけを稼いで、他の時間は制作に充ててました。でも、バンドもやっていましたし、スタジオ代だ、楽器代だ、酒代だ……とかってお金が必要で、いまだから言えますけど、ちょいちょい、いわゆる「消費者金融」のお世話に。

――それは……!

蔡　気づけばまぁまぁな額になってて。郵便局のバイトだけでは返せる金額じゃなくなったときに、デビューの話が来たんです。

――なんと……渡りに船じゃないけど。

蔡　いやあ、完全に渡りに船でしたね。これで返済できるぞ……と、話に、すぐに飛びついたんですよ。めちゃくちゃ不純な理由なんです。つまり、最初のところでは。

――人生ごと、生活ごと飛び込んだんですね。音楽業界、プロの世界へ。

蔡　そうです。で、入ったらいきなり、インディーズで4曲入りアルバムをつくることになりました。同時にメジャーデビューの時期やシングル曲も決まり、次のアルバムの構想も進んでいく。

――わあ、そんななっちゃうんですか。プロになったとたんに、一気に。

蔡　そう。目の前のことに、必死に食らいついていくしかなかった。でも、何かを生み出すことも、創作に自分のすべてを出し尽くすことも好きではあったんで、後悔や妥協は一切なかったんです。

――楽しかったってことですね。

蔡　ただ、プロのミュージシャンとしての自覚だけが、なかった。

――突っ走ってはいるけれど。はあ……。

蔡　でも、デビューアルバムが出る直前に、ドラムの辻くんが、元のバンドに戻りたいと言い出して。そこで、ドラムどうすんのってなって。

――大事件じゃないですか。

蔡　そうなってはじめて、ぼくは……自分たちのバンドのことを、真剣に考えたんです。

――おお。

蔡　そのときに、バンドが「自分のこと」になったんです。俺の仕事は音楽で、これは俺たちのバンドなんだ……って。

――bonobosというバンドは、そこで、改めて生まれたのかもしれないですね。誰かの言うことをやってるだけでは、たしかに、自分側にギアをグッと入れる気持ちにはなれないでしょうし。

蔡　そう。

――それが、たとえ「バンド」と言えども。

蔡　そうなんです。

――いまはバンドのフロントマンとして、今後の方向性とか考えてるわけですよね。

蔡　bonobosが自分のバンドだ、これが俺の仕事なんだと自覚してからは、アルバムのことはもちろん、個々の曲のアレンジなんかについても、積極的に口を出すようにはなりましたね。そうやって、ずっと続いている感じです。

――ここまでバンドをやってきて、メンバーの関係性って変わるものですか。

蔡　結成当時からまったく変わっていないバンドもあるし、どんどん入れ替わるバンドもあるし、まあ、いろいろだとは思うんですが……。

――ええ。

蔡　ぼくらの場合は……前のギターが辞めて、パーカッションが辞めたタイミングで、管楽器や弦楽器をサポートに入れて、いわゆるロックバンドとはちょっとちがう形態を一度はさみました。

――そうですよね。

蔡　ロックバンドって「自由」なようでいて、シンプルな編成であるぶん、音楽的には、不自由な部分もけっこうあるんですよね。そこから、一度離れたかったんです。

——ロックバンドの、不自由？　それって、たとえばどういうことですか。

蔡　単純にメンバーにドラムがいる場合には、ドラムの出てこない曲を、たくさんはやりにくかったりしますから。

——ああ、なるほど。

蔡　めちゃくちゃギラついた派手なギターを持ってる人がいるのに、ギターの入っていない曲ばかりできない。

——ホントだ（笑）。

蔡　あるいは、音楽的な部分でも、ドラム、ベース、ギターという編成って、最もシンプルなスリーピース、古典的なバンドスタイルじゃないですか。そればっかりやってると、ドラムとかベースの8ビートのリズムや、ギターの伴奏なんかも、どこか記号的になっちゃうと感じていて。

——記号的？

蔡　言葉ではうまく言い表しづらいんですが。

――いや、何となくわかります。音楽としてぜんぜんちがうことやまったく新しいことがしにくいみたいな。

蔡　それも、そうだし……たとえばですけど、人間が楽器を演奏する場合、譜面には現れないヨレとか強弱が出ます。シンプルな編成では、そういう部分がとくに重要になるんです。でも、そこで、ロックを記号的に解釈してしまった場合、音楽が機械的になって、どんどんつまらないものになる気がする。

――ただ譜面通りに、上手にやるだけでは、ダメだってことですかね。

蔡　楽器の上手い人、譜面を渡したらすぐにボロロンと弾ける人は多いんです。時間と労力をかけずに高いクオリティで音を出してくれるけど、でも、そのままで……つまりスタジオミュージシャン的なメンタルのままでロックバンドに入ると浮いちゃうんです。

――へぇ……。

蔡　ある種の記号性を帯びたままの状態だと、バンドに入ったときに、そこをすり合わせるのに苦労するというか。

――それこそ、バンドの不思議さ、ですよね。同じ8ビートでも、そのバンド固有のリズムを刻んでる的な。

蔡　それは、あると思う。いくら有能なフォワードが外から来ても、テクニックだけでは機能しない。チームの中での役割まで理解してないと。

――サッカーで言えば。なるほど。

蔡　ライブでも、たとえばドラムのテンポが速くなってしまったとき、ギターは、ベースはどうするのか……瞬時に対応していかないといけないんです。で、対応していくためには、日頃から準備しておく必要があるんです。リハーサルもそうだけど、ふだんからいろいろしゃべっている中で、そこの意識を共有しておかないと。

――ライブの現場でのバンドの「危機」って、ぼくらは気づかないけれど、微小な部分では、いろいろ刻々と起こってるんでしょうね。bonobosの音楽って、構成が、どこか緻密な感じもありますし。

蔡　ほんのちっちゃな「異常」でも、気づいたらリカバーしていく必要がある。自分じゃ何もできなくても、ただ「頼む！」って気持ちで歌ってたら、後ろが汲み取ってくれたり。

——付け焼刃の集団じゃできないことですね。その、以心伝心的な支え合いって。

蔡　音楽って「時間の芸術」だから、止まってしまったら、すべてが破綻する。それは、あってはならないことなんです。全員が、そう思ってる。

——なるほど。音楽を止めないために。

蔡　ぼくらは、バンドは、必死にやってます。音楽を止めないために。たとえグズグズになったとしても、全員が「絶対に、止めない」って意識で。

ゾーン状態で見る景色。

——バンドのメンバーが辞めちゃうのは、それはもう、それぞれに、それぞれの理由があるんでしょうね。

蔡　そうですね、別の音楽をしたいとか、単純に、人間関係が悪化することもあるし。5～6人の人間が集まったら、どうしても合わないみたいなことは、ふつうにありますから。

――人間の集団ですものね、バンドも。

蔡　おさななじみで、ずっと同じ景色を見て育っていたら、また別かもしれないけど、うちの場合も、20歳すぎてから出会ってますから。決定的な共通項って、ないんですよ。

――ええ。

蔡　だから、互いに一緒にいるメリットを見い出せなければ、離れていくのもひとつの選択だと、辞めていく人を見送るたびに思います。

――誰かひとりでも抜けたら、バンドの何かって変わったりしますか。

蔡　変わりますよね、確実に。単純に「このギターが抜ける」だけで、レコーディングでも、ライブでも、表現できることが、もう、ぜんぜん変わってきますから。

――ちがうギターが、同じ譜面を弾いても。

蔡　以前と同じには、絶対ならない。仮にオーケストラなんかの場合ならば、バイオリンがひとり抜けても、通常は、そこまで大きな影響ってないですよね。

——そうでしょうね、おそらく。

蔡　バンドのギタリストが抜けちゃったら、ギターの音が聴こえなくなる。バンドへ及ぼす影響が決定的なんです。別のギタリストになったら、別のバンドになっちゃうこともあるし。

——それだけ、バンドというものは具体的な……というかクセのある個人の集団であると。

蔡　たくさんいるバイオリニストの中で、まわりと調和して……じゃなく、クセのあること自体が、その人がその人であることの証なんで。ギターの演奏スタイルひとつとっても、人それぞれですもん。うちのいまのギター、ピックでじゃなく指で弾く人なんです。

——ああ、そうなんですね。

蔡　もともとガットギターの出身なんです。ベースの森本さんも指で弾く人だし。それぞれのミュージシャンがそれぞれの国の王様かよというくらい、バンドマンって、個性がある。だからこそ、少ない人数でもやれるのかもしれない。同時に、誰かが抜けたあとの穴は、そんなに簡単には埋められないんです。

――ボーカルという蔡さんの役については、もう20年くらい歌ってきて、いまは、どんなふうに思っていますか。

蔡　最近ちょっとね、変わってきたんです。いまは、いかに「歌わず」に、歌物のロックバンドをやれるだろうか、みたいなことに興味があって。

――歌わず、に？

蔡　ボーカルは、メロディに載せた言葉をでっかい声で歌ってるわけですが、具体的だし、情報量も多いから、要素としては、音楽の中に占める割合が、いちばん、大きくなっちゃうんですよ。

――蔡さんの担う「歌」の部分が。はい。

蔡　そうじゃない音楽を、やってみたくて。どんなふうにやれるのか、どう評価されるのかもわかりませんが、ボーカルの歌とバンドの演奏が、等価に、フラットに並んでいるような、そんな音楽を目指してみたい。

――へえ……。

蔡　ほら、マイルス・デイヴィスの曲でも、マイルスがぜんぜん出てこないとか、そういう曲あるじゃないですか（笑）。「そういえば、マイルスどこいった？」「もうかれこれ10分くらいいないぞ」みたいなやつ。

――全員が同じ割合で存在していて、これがbonobosの音楽です……という。

蔡　そんな感じ。そういうのやってみたい。

――昔、中森明菜さんが『不思議』ってアルバムを出してまして。

蔡　『不思議』？

――はい、『不思議』です。全編に渡って歌詞が聴き取れないんです。ボーカルの音量を下げて、バックの演奏と同じような音量にしてる。結果、歌声が演奏に溶けちゃった感じで、何を歌ってるんだか、ほぼわからない。

蔡　へえ……。

――これは伝説的なエピソードなんですけど、でき上がってきたアルバムの音を中森さんがお聴きになって、「カッコいいけど、不思議じゃないね」と言って、そうなったとか……。自己プロデュースのアーティストだから。中森明菜さんって、ずっと。

蔡　**衣装も、ご自身で考えてたんですよね。**

——そう、で、その『不思議』って作品は、レコ大を獲った『DESIRE』で、何周も連続でベストテン1位を突っ走っていた年に、リリースしているんです。あれだけ大衆に受け入れられた曲と、前衛的で難解なアルバムとを、同じ時期につくっているんですよね。

蔡　**チェックしてみます。おもしろそう。でも、好きなんですね、中森さん。**

——はい、1989年の4月に、デビュー曲『スローモーション』から23曲目の『LIAR』までを、一気に歌ったライブがあるんですね。ボーカリスト、アーティストとして最高に研ぎ澄まされていて、アイドルのコンサートというよりも、金メダリストの試合みたいなんです。すいません、しゃべりすぎています。

蔡　**いや（笑）……でも声、ボーカルって、楽器とちがって、チューニングがどうとかもないですし、はじまったら止まれない中、常に集中力を維持しないといけない。中森さんほどトップでやってた人だと、いわゆる「ゾーン**

状態」にも、頻繁に入っていたんじゃないですかね。

——まさにアスリートですね、ゾーンって。

蔡　ぼくなんかでも、たまに「あ、いま、いわゆるゾーン状態だな」と思うときがありますし。実際そういうときのライブというのは、観ていた人に話を聞くと、「今日、ほんとヤバかったよね」とかって言われることが多いんですよ。

——具体的には、どういう感覚なんですか。

蔡　ふつうの状態の場合、身体的には、心拍数が上がるんですよ。で、頭の中では、音のズレとかミスタッチしないかとか、ほうぼうに気を配りながら、細かく軌道修正しつつ「よし、みんなでがんばっていこう！」って感じで歌ってるんです。

——ええ。

蔡　ゾーン状態では、完璧に集中してます。一分の隙もないくらいに。メンバーの演奏とも完全に噛み合って、100％自然体で歌うことができる。音程を外したりもないし、変に力が入ってこわばることもないです。

――へえ……。

蔡　見えている世界……視覚も特殊ですね。ライトで光る空気中のチリなんかにもぜんぶピントが合っていて、目の前が異常にクリアに見えるんです。

――とんでもなく集中している状態?

蔡　時間の流れも、ゆっくりに感じられる。自分の身体の動きや声が、すべて手に取るようにわかったりする。

――自分自身というものを、完全にコントロールしているみたいな。

蔡　とにかく「完璧」なんです。バンドそのものもそうなんですけど、お客さん含めた会場全体と、こう、ひとつの塊になったような……。

――それがもし、バンド全体で同じ状態になってたら、ちょっと、すごいですね……。

蔡　何年か前の年末の、名古屋のクラブクアトロでのライブが、まさにそれだったんです。今日は絶対に失敗をしないようにとか、少しでもよく見せようとか、そういう、つまんない欲求がフッと消えた瞬間に、ひゅーんとゾーンへ入っていきました。

――目の前にお客さんがいるということも、大きいんでしょうね。

蔡　あ、それは絶対、そうだと思いますね。カラオケじゃゾーンに入れないと思う。

――自力でゾーン（笑）。最強ですね。ある意味、カラオケスナックとかにはいそうですけどね。

蔡　ゾーン状態の酔っぱらいのおじさんね。いるいる（笑）。

歌を歌う、ということは。

――これは前にも言いましたが、ぼくは個人的に、蔡さんの歌声がすごく好きなんですけど……。

蔡　あ、ありがとうございます（笑）。

――音……とくに「人の声」って、人を動かすもののひとつですよね。ナチスの宣伝大臣のゲッベルスが、プロパガンダの際に、拡声装置を巧みに使ったことは人間の声の力を悪用した例なんでしょうけれども。

蔡　うん、そういう意味では、人間が「歌」に感動すること自体、素晴らしいと思う反面、ともすれば危ういことでもあるなと思います。ロックって音楽はとくに、拡声器でがなってるようなもんで、意図せず、人を動かしてしまうことの怖さは、自覚していたいと思ってます。

——分岐点が、どこかにあるんですね。

蔡　そうなんだと思います。それもあって、自分たちの音楽からエモーショナルな要素を、徐々に減らそうとしてたりもします。

——それは、歌詞の内容も含めて？

蔡　歌を歌うということは、とってもシンプルで強い行為なんで、どこかに冷静さを混ぜておきたいんですよね。そして、そういう音楽でなければ到達できない領域が、あるんじゃないかなとも感じていて。

——なるほど。

蔡　歌詞も変わってきてますね。やっぱり東日本大震災が大きかった。あれほどの出来事を前に、俺は歌うための言葉を書くのか……ということに、戸惑って。

――そうだったんですか。

蔡　歌詞が、書けなくなったんですよね。ぼくたちが若かった時代には、まだまだ「王道」「ベタなもの」が、存在していた気がするんです。

――ええ、たしかに。

蔡　王道な表現が、メインストリームを引き受けていて、それに対するカウンターとして、サブカルチャーも力を持ってました。でも、いまは……。

――わかります。人々の接するメディアだとか世界がどんどん細分化しているから、誰も「王道の役」を引き受けられない状況なのかも、とは思ったりしてます。

蔡　ものごとの中心に据わっている、幹。それが痩せ細ってしまったとき、気持ちの上で、とたんに寄る辺がなくなるというか。王道が消えてなくなったあと、道案内のない荒野を延々、歩かなきゃいけないのかと思ったら、しんどいじゃないですか。

――つまり、何に対して、どんな「歌詞」を書いたらいいのか、どんな「歌」を歌ったらいいのか……ということですか？

蔡　言葉というものを、やっぱり信頼できるものとして、もう一度、取り返したいなとは思ってます。

——よすがは、ありそうですか。

蔡　どこまでやれるかはわからないけど、そのためには、毎日レンガを積んでいくかのように、真面目にコツコツと、言葉を積み重ねていくしかないなと思いはじめてはいますね。

——簡単じゃないんでしょうね。

蔡　これから先、いくつまでやれるかわかんないけど、自分は何を歌っていくのか、どういう言葉なら、より「うそ」じゃなくなるのか……。そういうことを、ずっと考えながら、それでもやっていくんだと思います。

——バンドというものを。なるほど。

蔡　歌詞というものは、メロディという大きな制約があるし、常套句が並びがちなんです。愛してる……という言葉ひとつにも、その裏側には、ベッタリといろいろよけいなものが、くっついちゃってる。

——ええ。

蔡　それをどうやってひっぺがすのか。あるいは、どう、新しい表現を発明するのか。

——震災のときに、だんなさんが行方不明になってしまった女の人が、ただ「会いたい」って言った。その言葉に、ものすごく心が揺さぶられたんです。

蔡　ああ……そうでしょうね。

——会いたい……という言葉自体は、ラブソングの中でも、日常生活でも、さんざん使われていますよね。そういう「ふつうの言葉」に揺さぶられた。

蔡　めちゃくちゃわかります。そうですよ。仮に、その方のことをテーマに「会いたい」って曲を書いたとしても、同じ感情は入らないでしょうね。

——何なんでしょうね、それって。

蔡　ねえ……だから、いまのは歌詞というものの限界の話でもあり、同時に、言葉というものの可能性の話でもあるような気がしますね。

——これは音楽の人に限らずなんですけど、インタビューをしていると、「音楽に救われた」というような話をよく聞くんです。

蔡　ええ。

——小説とか詩、絵画に救われた人だって、もちろんいると思います。そういう人が、作家とか詩人、画家になるんだと思うんですけど。

蔡　うん。

——でも、「何かに救われた」という場合、「音楽」がいちばん多い気がする。だって、辛いことがあったら、音楽を聴くっていう人、多いと思うし。

蔡　そうかもしれないですね。

——歌って直接、人の心を触ってくるから。蔡さんは歌を歌うということについて、いま、どう思ってらっしゃいますか。

蔡　たまーに「カッコ悪いなあ」とかって思うことがあります。

——カッコ悪い。

蔡　だって、人前で大口を開けて、夜中にちょこちょこ書いた言葉を歌ってるわけでしょ。すごくみっともないことのような。そんな気がします、一面では。

——表現というものには、どこか、そういう側面があるんでしょうか。俳優の柄本明さんも、まったく同じことを言ってたので。人前で泣いたり笑ったたり怒ったり叫んだり、恥ずかしいと。

蔡　同じ気持ちなのかもしれないです。

——蔡さんご本人としては、その気持ちには、どう、整理をつけているんですか。

蔡　歌というのは、昔から芸術的な表現のひとつだし、連綿と続いてきた音楽の歴史のかたすみに、自分も存在しているような感覚も、実際には、あるんですけどね。

——ええ。

蔡　たとえば、安東ウメ子さんの歌うアイヌの歌なんかを聴くと、ぼくらのポップミュージックとは完全にちがうと気づかされるんです。

——はい。

蔡　歌を歌うという行為そのものには、共通性はあるかもしれない。でも……あれほどまでの精神性を獲得できているのかおまえは、と問われたら、ぜんぜん、そんなことはないから。

——そう思われますか。

蔡　ぼくなんかにおこがましいとさえ、感じてしまうこともあります。だから一生、整理はつかないけど、せめてそのことは覚えていようと。

――なるほど。

蔡　それと、もうひとつは、歌を届けたい……というだけであれば、ギターの弾き語りで十分だし、本当に上手い人なら、アカペラでも、ぜんぜんいいわけです。

――はい。

蔡　でも、ぼくの場合、振り返ってみると、曲や歌詞を書いたり、つくった歌を歌ってる「理由」って、やはり「バンドだったから」なんです。

――ああ……。

蔡　自分は、結局のところ「バンドがあるから歌ってるんだよな」というところに、戻ってくる。

――蔡さんが「歌を歌う」場所。それがバンド。

蔡　たまに忘れそうになるんだけど、そういうことなんだろうと思ってます。バンドとか、歌というものについては、いまのところ。

２０２０年10月7日　国分寺にて

くるり感？

岸田繁にとってバンドとは何か

くるり感の正体。

——岸田さんは、長く音楽をやってきて、いま「バンド」って、どういうものだと感じていますか。

岸田　バンドというものは何……というか、少なくとも、くるりは、もはやバンドではないと思ってます。

——くるりは、もはや、バンドではない。

岸田　スリーピースのロックバンドとして世に出ましたけど、メンバーの出入りもあって、いまは、バンドのスタイルでやってないので。

——バンドとは「スタイル」である、と。

岸田　そうじゃないですか。現在のくるりのメンバーでいったら、私がいて、ベーシストがいて、トランペットを吹く人がいるという。

——そうですね。

岸田　スリーピースのバンドだったころは、ギター、ベース、ドラム、そこへもう1本ギターが入ったり、場合によっては鍵盤が入ることもあったんですけど。結成して最初の数年間は、その最少編成で……なんていうかな、バンドのころって、ぜんぶが「ゼロ」からはじまってた。

——というと?

岸田　たとえば新しい曲やろうってときも、バンドで集まって、バンドでつくり上げていたんです。大所帯のバンドさんに比べたらできることも限られるけど、なんかやろうぜって言ったときには、圧倒的に「早い」んです。

——スリーピースは、機動力が高い。

岸田　これが5人とかになってくると、凝ったヘッドアレンジほしいねとか、誰かがリーダーシップを発揮して、しっかりまとめないと、いろいろ先に進まなくなりますよね。だからそうやなあ、4人編成で演奏しているときまでが、私の中では、バンドをやってる感じがあったかな。

――少し前に、サニーデイ・サービスのライブに行ったんです。他にいくつかバンドが出てましたが、3人しかいないサニーデイ・サービスが、いちばん、音が大きかったんですよ。

岸田　それは曽我部（恵一）さんだからで、心意気の部分でしょうね（笑）。ライブのときは3人で演奏しようが、20人で演奏しようが、バンド感……みたいなものは、生まれますけどね。

――バンド感。

岸田　何ていうんですか、生々しい感じ？　あの独特の感覚って、何人でやっていようが生まれるけど、いわゆる「俺たち、バンドやってんなあ！」みたいな気分だったのは……。

――ええ。

岸田　最初のスリーピースのときと、アメリカ人のドラマー（クリストファー・マグワイア）が入ってきて4人でやってたときかな。ファンファンが入って、5人編成になったときも、バンドでやってる感覚はあったかな。

——何なんでしょうね、その「バンドをやってる感覚」って。

岸田　ゼロから1が生まれるというときに、そこにいる人間だけで、一気に、ひとつの音楽を生み出している感じ。うん、それはすごくバンドならではですね。

——おもしろいです。そこにいる人たちだけで、一気に音楽を生み出してる集合体が、バンドであると。

岸田　たとえバンドみたいに見えていても、メインのソングライターが、ゼロから85％くらいまでつくって、そのラフスケッチを、他のバンドメンバーがなぞりながら仕上げているとしますよね。それで曲ができましたって、これがバンドの音ですっていっても、ちょっと、私のバンド観とはちがいますね。

——なるほど。

岸田　私たちの場合は、アイデアも気持ちもモチベーションも、ゼロの状態で全員がスタジオに集まって、それぞれに楽器を持って「さーて、何やろう？」ってとこから「ドンッ！」とはじまる。そこから、全員で音をつくり上げていく。そんな感じで、ずっとやってきたので。

——その感覚は、バンド特有のものですか。

岸田　いまはバンドじゃないって言ったけど、ものをつくるとき、ライブをやるとき、いま言った感覚そのものはあるんです。でも、その感覚を共有するのが、私とベースの佐藤（征史）さんだけなんですよ。だから、やっぱりいまは、「俺たちバンドや」って感じはしてませんね。

——ファンからしてみると、メンバーや編成はいろいろと変わっても、くるりはくるりで、本質は変わらないわけですけれども。

岸田　私と佐藤さんがいれば、くるりであって、それは絶対、そうなんです。私がひとりでやってるプロジェクトは、だから、くるりではないし。

——そうか、そうですよね。

岸田　佐藤さんがよそでベースを弾いていても、それはまた、ちがうものだし。でも、私と佐藤さんがいれば、ま、いろんな編成でやってきましたけど、それは、くるりなんでしょうね。

——その「くるり感」の正体って……。

岸田　うーん、何なんでしょうねぇ。バンドっていう言葉は、日本では、ある演奏の形態を指すところがあるけど。

――そうですね、やっている音楽の種類とか、気分とか精神性みたいな部分も含めて。

岸田　日本語に訳すとすれば「楽団」というね。その意味でなら、私たち、いろんな楽団をやってきたとも言えるわけですよね。だから、かたちが変わったからといって、内実とか本質は、くるりのまんま、変わらなくて当たり前かもしれないです。

――いろんなバンドがやりたかったんですか。岸田さんは、昔から。

岸田　私は演奏することも好きですが、まずは音楽をつくることが好きなんです。音楽やるなら、こういう編成じゃなきゃダメだみたいな、スタイルからは入らなかったんです。

――なるほど。

岸田　たまたま、ソウルメイトみたいな3人が楽器を持って集まったら、バチッと火花が散ってデビューしただけ。もともとスリーピースでいつまでも……とは思ってなかったんじゃないかな。

──そうやって、くるりは走り出したわけで、メンバーが出たり入ったりして、バンドのサイズを変化させつつ、でも「くるり感」はずっと維持している。

岸田　そうなんですよね。

──くるりという風船が、おっきく膨らんでいろんな音楽を飲み込んだり、あるいはちっちゃくソリッドになったり。

岸田　バンドというのは中にいる人によるんで、やれることは、その都度増えたり減ったりするんですが、真ん中は変わらないと思います。

──真ん中。軸、のようなもの……。

岸田　そう。

──それが「くるりの本質の部分」ですよね。

岸田　そうなんですよ。だから何でしょうねえ、それって(笑)。ひとつには……やっぱり、現在のコロナウイルス禍の生活みたいな抑圧された状態から、どこか遠くへ飛び立っていけるようなね。

──ええ。

岸田　そういうイメージ。自由になる、自由に羽ばたくというか。暗いトンネルの向こうに、青く明るい空がぱぁーっと広がってる。そういう絵を、私たちは、くるりで、描いてきたのかもしれない。

——ああ……そうですね。そうです。

岸田　それは、歌詞の世界……というよりは、もっと音楽的な部分で。抽象的ですから、くるりの曲の詞って。ようするに和声の進行やったり、リズムの持っていき方などによって、何ていうんかな、ある種の「自由の感覚」を、ずっと歌ってきたのかもしれないです。

——バンドの編成が変わっても。

岸田　うん。

——それが「くるり感」の正体。

岸田　かもしれないです。

心のどっかでファンなんだ。

——たとえば、ブルーハーツの音楽って、自分より世代が上で、具体的に助けてもらった記憶があるんですね。

岸田 **あ、リスナーとして？**

——はい、中学生のころ、学校に行きたくなかったんですけど、毎朝『TRAIN-TRAIN』を聴いて、グッと玄関のドアを開けて、最初の一歩を踏み出すというような、ある時期、しばらくそんな感じで。

岸田 **はい、はい。**

——もうひとつ、日曜日の夜には『天才・たけしの元気が出るテレビ!!』を必ず観て、1週間分の元気を出してたんですが。

岸田 **ええ、いいですよね**（笑）。

——そういう意味で、ブルーハーツには「本当に、お世話になった」という気持ちがいまもあるんですが、くるりは、自分とは同じくらいの世代なんです。

岸田　はい。

――大学を出て就職して辛い……みたいな、その年が、２００１年でした。ようするに、くるりで言ったら『ワンダーフォーゲル』『ばらの花』。

岸田　あー……。

――だから、お世話になったっていうより、くるりの場合は、いつもとなりにいてくれたなあ……と。

岸田　そうなんですね。

――そうやってずっと見てきて、途中「え、解散しちゃうのかも」とか心配になったこともあるけど、幸いなことに、くるりは、解散しないでいてくれて。

岸田　はい。

――その選択肢はなかったんですか、実際。

岸田　まあ、脱退するからじゃないですかね。その……人が。で、その代わりに加入してきますしね。だから、コロコロ変わってるって見られてるのかもしれないんですけど。やりたいことは、変わってないんです。私たちとしては、ずっと。

——なるほど。

岸田　だから、まあ……そうですね。それをやろうって人がひとりでもいたら、解散する理由はないですよね。

——それを聞いて安心しました。

岸田　ありがたいことに、めちゃくちゃ大ヒットを飛ばしたりしているバンドではないんですけど、それでも聴いてくれる人たちはいますから。恵まれているなあと思います。まあ、でも、長いツアーとかやってたらね、嫌になったりもするんだけど。

——ええ、そうなんでしょうね、それは。

岸田　そういうことは誰でも……ね、どんなバンドさんでもあることやと思うし。ただ、なんやろ、解散……は、なかったな。「もう解散じゃ！」とか、そういうことを、言うたことがないわけではないですけどね。

——えっ、そうなんですか。

岸田　本気で言ってないしね。

——いいなあ（笑）。本気で言ってない、って。

岸田　だって、私が生きてきた時間の半分以上を、くるりが占めているんです。だから、それを解散するっていうのは、よっぽどじゃないですか。ちょっと想像もできない、いまはまだ。

——相当の価値観の転換が起こらなければ、解散という選択はないだろう、と。

岸田　そう……やりたいことが音楽じゃなくなってしまったとか、ね。そういうことでもない限りは。

——じゃあ、逆に言えば、音楽をやりたいって思ってる限りは、くるりは続いていく。

岸田　と、思いますけどね。

——そう考えると、ベーシストの佐藤さんの存在って、実に大きいですね。

岸田　そうですね。

——いま、どんなふうに思ってるんですか。長く一緒にいて、佐藤さんのこと。

岸田　いいミュージシャンになりましたよね、すごく。彼。ちょっと、上から目線みたいですけど。

――ふたりの間柄だから言えることですね。

岸田　うん、何だか、やっぱり、心のどっかでファンなんだと思います。

――佐藤さんのこと？

岸田　そう。

――わあ……。それを言えるのって素晴らしいですね。感動してしまいました、いま。不意に。

岸田　あ、そうですか？

――いや、ファンって言えばいいんだと。ずっと一緒にいる人のことは。家族でも、友だちでも、ファンなんだ。

岸田　私の求めるものをすべて持ってるってわけじゃないですけどね。ぜんぜん、そういうんじゃないですが、ファンなんですよ、たぶん。

――ファンという言葉には、親しみの他に、リスペクトも交じってますもんね。

岸田　それだけじゃないですか。腐れ縁が半分で、リスペクトが半分で。面と向かって言う機会もないけど、佐藤さんに対しては、そんな感じです。

――あの、先日、中野で開催された小山田壮平さんの弾き語りのライブが、とっても素晴らしかったんです。ひとりで舞台に立ってギター1本で歌う歌が、全身を突き抜けていくような感じで。

岸田　はい。

――あるいは、DTMがずんずん進化して、たったひとりでパソコンで音楽をつくる、つくることのできる時代でもあります。岸田さんも実際、パソコンで交響曲をつくってますよね。

岸田　音楽って、いまはかなり、ひとりでやれることが増えてますよね。

――でも、それでも、ひとりとふたりとでは、ちがいますか。

岸田　ひとりの時間は好きですし、楽しんでるほうではあると思いますが、でもやっぱり、ひとりよりはふたりのほうが楽しいな。うん、誰かと何かを共有できるほうが、私はうれしいという感じ。

――そうですか。

岸田　小山田くんがギター1本で歌ってるのは知ってますし、その楽しさもわかるんですよ、当然。たったひとりでも音楽はできるということでもあるし、そこは自分の力が試される、ヒリヒリする場所でもあるだろうし。

——そうなんでしょうね。

岸田　でも、私の場合は、自分ひとりでステージに立って歌う、自分自身を表現することに、なんていうんですかね、小山田くんほど興味がないんだと思う。まったく興味ないわけじゃないけど、それよりは、半分裏方みたいな仕事が好きなんで。

——岸田さんのもうひとつの役割である「コンポーザー」という仕事は、そもそも裏方だったわけですものね。

岸田　そう。でも、くるりでデビューして、大勢の前に自ら立って、ドカーンって音を出すカタルシスも、たくさん味わってきました。お前らの仕事はそれやって感じで、やっぱりね、いまでも、自分らを鼓舞してやってますけど。

——ええ。

岸田　それだけやっててもね、なんか退屈。

——退屈。

岸田　うん。ですね。ぜいたくな話やけど。ずーっとツアーに出てるバンドとか、ま、ぼくらもそうだったけど、そういうのは、もう無理かな、私は。

——なるほど。

岸田　新しいものをつくる時間、ですかね。しばらく走り続けてきたら、やはりどこかで立ち止まって考えて、現在地を把握して、過去を参照しながら、未来を考える。

——そういう創造の時間が必要。

岸田　ひとりでも、佐藤さんとふたりでも、そういう時間を持つことが自分にとっては重要だと思ってます。

たまたま、私たちの音楽が。

——コロナ禍の2020年って不思議な年でしたけど、自分はインタビューする仕事なので、対面では会えなくても、オンラインで取材を続けてたんですね。

岸田　ええ。

——そしたら、そのとき、くるりの曲を聴いているっていう人が何人もいたんですよ。たまたま「何人かいた」というよりは、何だか最近これぱっかりでとか、いまこそ聴きたいからみたいな感じで、ああ、この人も、この人もって。

岸田　そうなんですか。

——ええ。だから、何なんだろうと思って。

岸田　そういう話、私も、よく聞きました。

——ああ、そうですか。やっぱり。長いトンネルから抜けたときの光景を歌ってきたのかもしれないと、ご自身でもおっしゃっていましたけど。

岸田　そういう音楽なのかなと思うんですよ。たまたまね、私たちの音楽が。特段わかりやすいメッセージがあるわけでもないし、あがめたてまつられるような音楽でもないんですけどね。

——どこか心を自由にさせてくれるような。そういう音楽だと思います。

岸田　でもね、私たちつくってる側としては、とりたてて、そういう音楽をつくろうと思っているわけじゃなくて。

——そうなんですか。

岸田　医療従事者のみなさんはじめ、エッセンシャルワーカーと呼ばれる人たち、あるいは、必死でワクチン開発に携わっている人たちって、いま、まさに必要に迫られて、目の前の課題に取り組んだり、何かを生み出したりしていますよね、日々。

——ええ。

岸田　でも、音楽家はよく言うかもしれないけど、「音楽なんかなくたって」って。だって、直接的には、生命に関わるということはないわけですよ。いまこの薬を飲まなきゃ死んじゃう、というような切迫性は、音楽にはないです。

——たしかに。

岸田　でも、間接的には役に立ってるというのか、つまり大変な思いをして、毎日毎日使命を果たしている人たちが音楽を聴いて、ちょっと元気になったと言って「よーし」ってまた自分の持ち場に帰っていく。私たちの……くるりのつくる音楽が、誰かにとってそういう音楽であったなら、それは、とっても光栄なことだと思います。

——そうですよね、きっと。

岸田　でも、そうでありたいと願ってつくったわけではないんです、私たちは。

——結果として、そういう音楽になってる。

岸田　むしろ、誰かのために、誰かの助けに、そういう音楽のつくり方は、たぶん、ぼくたちにはできないと思う。

——受け取るほうが、勝手に元気づけられてるんでしょうね。

岸田　そうだと思います。この間も、ザ・クロマニヨンズの新しいアルバムを聴いたけど、まったくね、変わってないわけですよ。いい意味で、もちろん。

——いや、本当にそう思います。

岸田　あえて呼び捨てですけど、ヒロトもマーシーもロックが大好きで、10代のころからずーっとやってきて、いまも変わらず、大好きなロックの音楽をやってるだけ。

――はい。

岸田　そうやってつくった音楽を聴いた側が、勝手に元気を出したり、勝手に勇気づけられたり、勝手に涙を流しているだけなんやなと。

――道に落ちてるウ○コとかをモチーフにアート作品をつくっている現代美術作家の加賀美健さんが、ある暑い日に、靴下を脱いで、くるっと丸めて、アトリエに投げといたそうなんですよ。

岸田　うん。

――そしたら、それを見た9歳の娘さんが「パパ、これ作品?」って(笑)。

岸田　ああ、すごいな。

――創作物、アート、音楽もそうでしょうが、それらに触れて、どう感じるか……どう解釈するかは、受け手次第なんだなあって思ったんです。

岸田　その娘さんの感性って、私はね、すごく大事やと思うんですよ。だってね、ベートーベンという人が「ダダダ、ダーン」って、やりますよね。有名な、あの一節。誰でも知ってる。

――交響曲第5番『運命』ですね、はい。

岸田　あんなんね、正直、誰だってつくれるやないですか（笑）。

――そうですかね（笑）。

岸田　いやいや「ダダダ、ダーン」だけならば。つくれるっしょ、誰だって。「ダダダ、ダーン」ですよ、だって。ただの。

――その部分に限って言えば……まあ（笑）。

岸田　何しろ「ソソソ、ミー」ですから。「ドミソミファソシソド」とかね、そういう複雑な譜面ではないわけですよ。ただの「ソソソ、ミー」ですから。

――はい（笑）。

岸田　でも、その「ソソソ、ミー」をね、どう譜面の上に配置して、曲として構成して、成り立たせて、最終的にただの「ソソソ、ミー」にある効果や意味を持たせるか……という。そこがベートーベンの大仕事なわけでね、私たちは、ただの「ソソソ、ミー」の旋律に、さまざまに、いろいろなことを感じているわけですよ。

――それこそ「運命」みたいなものさえも。

岸田　それって素晴らしいことやなと思うな。そこらへんに落ちてたネジだけでつくってるんだけど、ぼくらには、ものすごいお城に見えるんだもん。

――うん、うん。なるほど。

岸田　高いお金を出してね、高級食材をどっさり買い込んできてね、「さあ召し上がれ」って、そりゃあ、美味しいかもしれないけど。冷蔵庫の中にあるもんだけだって、やりようによっては、誰かにとって、何よりのご馳走をつくれると思います。

――いろいろな人を勇気づけると思います。いまの、岸田さんの言葉。

岸田　とくに自分が困難な状況にあるときや、どうしても何らかの結果を出したいと思ったとき、材料とか、才能とか、創作への姿勢とか、考え方とか、その人の在り方自体が立派じゃなきゃダメですっていうのは、私は、希望をくじくと思うんです。

――本当ですね。

岸田　それがどんなにしょうもなくても、いま、自分たちの目の前にあるものを磨いていくことで、自分らが勝手に引いた限界線は、超えていくことができると思うんです。でね、そういう意味で言えば、バンドでセッションをしてたりすると、そういうようなジャンプって、もうね、しょっちゅう起こるんですよ。

――そうなんですか。バンドってすごい。

岸田　誰かが何気なく弾いた、何てことない、それこそ「ソソソ、ミー」に匹敵するね、誰でも弾けるようなフレーズに別の音が重なっただけで、どこにもない音楽が生まれたりします。

――それが醍醐味なのかもしれないですね。バンドというものの、何か。

岸田　コロナのせいで、バンドで集まれない、ライブもできないって状況で、私は大学で教えてますけど、若い子らに、バンドやらせてあげたいなあ……って。

――ええ。

岸田　本当のところではそう思うんだけど、でもいまは、パソコン1台あれば、音楽をつくることはできるんですよね。だから、そういう人は増えると思うし、これからは、その中から、おもしろい音楽が生まれてくると思う。

――なるほど。

岸田　現に「誰ですか、あなたは?」って、まったく無名の人が、とんでもない音楽をつくったりしてる。

――そうなんですか。

岸田　TikTokで踊っている人もしかり、Twitterとかで発信している人もしかり。当然クオリティの高い低いはあるけど、もしかしたら、音楽というものも、これまでみたいにありがたがって聴くものじゃなく、ぼくもつくってみよう、わたしも歌ってみよう、みんなで踊ってみよう、というものに、なっていくのかもしれない。

――そのことに対して、プロの音楽家である岸田さんは、どう思っていますか。

岸田　とてもいいことだと思っています。

純正律と平均律のはざまで。

——先日『ドラゴンクエスト』のオーケストラコンサートに行ったんです。

岸田　おー。

——郡山のホールで、山形のフィルの演奏で。

岸田　いいですねえ。

——自分でお金を払ってクラシック音楽のコンサートに行くのははじめてだったんですけど、もう、非常に感動してしまいました。これまで、音楽を聴いて感動するのって、歌詞と旋律の組み合わせだなって思ってたんですが、ドラクエってこともあったと思いますが、歌詞のない、純粋な旋律、言ってみれば「単なる空気の振動」に、涙が出てきてしまったんです。

岸田　ありますよね。そういうこと。

——音楽の力を、いま知ったと思って。

岸田　空気の振動だけで心を動かされることは、不思議なことに、ありますよね。科学的に言ったら、音が……ある周波数からある周波数へ移行していくときに、心なのか脳なのかわからないけれども、何らかの作用を及ぼしているんでしょうけどね。

――ええ。

岸田　音楽には「純正律」と「平均律」ってあるんですよ。平均律というのは、1オクターブを12に等分した音階で、ややこしい説明を飛ばすと、ノイズは混じるけど扱いやすいんです。

――扱いやすい？

岸田　そう、扱いやすい。純正律というのは、ある意味で妥協のない完璧な音階だったんですが、めっちゃ扱いづらかった。平均律を発明したことで、音楽が広く発展していったんです。

――なるほど。

岸田　それまでの純正律でつくってた音楽は、ドラクエの話が出たから言うけど、『スペランカー』っていうゲームが、その昔、あってですね。

――すぐ死ぬやつですね。持ってました。

岸田　あれみたいにね、禁則だらけなんです。純正律っていうものは。つまずいただけで死んじゃうみたいな。完全にノイズのない世界というか、まるで理想郷のようにパーフェクトに調和した世界なんですが、転調は困難だし、こんな進行はできませんよということが、そこらじゅうにあるんです。

――ようするに、平均律が発明されてからは、ハーモニーが濁ってしまったり、和音の完全無欠性はなくなったけれども、音楽の可能性自体は、広がった。

岸田　そうなんです。だから現代では、平均律で演奏されることが、ほとんどになっているはずです。

――便利だし、互換性も高いということで。

岸田　でもね、その純正律を……つまり、ノイズの一切存在しないパーフェクトな音の波の重なりを聴くと、他の音楽、いらなくなる。

――はあ……そんなに、いいものですか。

岸田　いろいろな音楽が好きで聴くんですけど、たとえば、パッヘルベルの『カノン』を古楽器で、純正律のチューニングで弾いているのを聴いたりすると……。何せ、純粋な音しか、鳴ってないんです。純正律は宇宙の神秘だとか、本を読んだら書いてありますけど、本当に、大げさじゃなく、一度、あの純正律の世界へ入り込んだら、出てこれなくなると思います。

――はあ……。

岸田　歴史上、クラシック音楽の作曲家たちは、純正律と平均律のはざまで、すごい戦いをしてきたんだなと思います。厳密な音程からは微妙にズレていますし、ハーモニーも狂うんだけど、バッハも、モーツァルトも、針の穴を通すように平均律の「濁り」をかいくぐりながらね、美しい響きを探求してきた。

――音の純粋性をめぐって戦いと言えるほどの歴史があったことは知りませんでしたが、感覚的に、納得することはできます。素晴らしい音楽……それがたったの1音だったとしても、聴いた瞬間に、否応なく心をつかまれてしまうから。

岸田　そう、追求したくなっちゃうんですよね。で、めっちゃくちゃ細い道だけど、この先の向こう側に行けるかもしれないみたいに信じた人たちが、結果、美しい音楽をつくってきたんです。でね、前置きが長くなったけれども、ドラクエの音楽を作曲したすぎやまこういちさんも、そういう戦いをしてきた人なんです。

――なるほど。

岸田　私もドラクエ直撃の世代でしたから、ずいぶんやり込んだし、すぎやまさんの音楽、いくつもメロディをなぞれますけど。

――ええ。

岸田　当時、ファミコンというゲーム機は容量が「8ビット」で、3つの音しか、同時に出せなかった。階段を「ザッ、ザッ」って上るとき、音数が足りなくて、ベースの音が消えたりしてたんです。

――そこまで気にしてませんでしたけど、そうか……なるほど。

岸田　3つの音しか同時に鳴らせないという究極の制約のもとで、すぎやまさんは、人に涙を流させる音楽をつくっている。これは、ものすごいことですよ、実際。

――純正律どころか生楽器の音でもない、ファミコンのピコピコ音ですもんね。

岸田　純正律は、たしかに素晴らしいです。それは、たしかに、そうなんです。でも、すぎやまさんのつくる音楽って、肉の塊とパプリカと塩だけで「さあ、豪華なフレンチ食べさせてよ」って言われて、実際に食べさせてくれるようなもんで。

——ああ、なるほど。

岸田　私にはとうていできないことなんです。つまり私たちは、その音楽が持っている「肝心な部分」に、やっぱり感動しているんだと思います。

——純正律とはほど遠い、3つの電子音しか使えなかったとしても。

岸田　その音楽の「肝心な部分」は別にある。私たちはそこに、感動してるんです。その意味で、すぎやまさんの音楽は、私にしてみたら、ヒロトとマーシーの音楽と同じです。

——そのドラクエコンサートを聴きながら、自分も昔バンドをやっていたので、いま、自分の感動しているこの音楽が、自分らのやってた音楽とは、根本的にちがうことがわかるわけです。あれだけの数の人と楽器が、それぞれに自分の役割を果たすことで、美しく調和しながら、ひとつの大きな絵を描いているという。

岸田　ええ。

――で、そのときに、岸田さんのことを思い出したんですね。岸田さんは、いま、ここにいるんだと。すごい挑戦だと思いました。

岸田　私なんかは、まだ、ぺーぺーですから。

――お好きだったんですか、もともと。クラシック音楽。

岸田　まあ、興味はもちろんあって、クラシックのコンサートで体感するあのカタルシスを、自分たちのライブで出すにはどうしたらいいだろうなんて、ずいぶん、考えてはいたんですけど。

――そうなんですか。

岸田　自分は、音楽に序列をつけることは好きじゃないけど、あの世界に足を踏み入れてわかったのは、もう……戦い方からしてちがうなと。

――戦い方。

岸田　覚悟……集中力と言ってもいいですかね。そして、もちろん技術の面。そういうもののひとつひとつの「ここを超えとけ」って基準のレベルが、ありえないほど高いんです。

——そうなんでしょうね……。

岸田　ロック界にもとんでもない人はいますが、クラシックの一線級の人たちは、全員「一流のアスリート」みたいな感じ。で、交響楽団は、アスリートの集団です。プロの音楽家ってこういうことか、みたいなのを、常に痛感していますよね。

——大会場を満タンにしてきた岸田さんでも、そんなふうに思うんですね。

岸田　思いますよ。私たちは地面の音楽の人だし。でもそこで、どう勝負できるかというと、えらそうな顔もできないけど、これが自分の音楽だっていう作品を、つくり続けるしかないとは思っています。

——怖いことだろうと思います、とても。もともと、ご自分で選んだ道とは言えど。

岸田　怖いですね、怖いですよ。そりゃあねえ。一流のアスリートの集団が、自分の曲を演奏してくださるわけだから。しかも、本気で譜面に向き合ってくれて、自分の頭の中で鳴っていた音楽とはまったくちがうような音楽を、ときに生み出してくれたりもするんです。

――わ、こういうことだったのか、みたいな？

岸田　**そんなことばっかりですね。**

みんなの歌になっていくこと。

――つい最近まで、柄本明さんの演出している舞台の稽古を密着取材していたんですが、いま岸田さんがやってらっしゃることと、すごく似てるなあと思ったんです。

岸田　**というと？**

――松井周さんという脚本家の書いた物語を、柄本さんが演出して、藤原竜也さんをはじめとする役者たちが、演じているわけなんですけど。

岸田　**ああ……なるほど。**

――岸田さんがやっているクラシック音楽も、まず、コンポーザーの岸田さんが音楽を書いて、指揮者の方が、その譜面を解釈して「演出」し、アスリートの集団が演奏するわけですね。

岸田　そうです。

——以前、柄本さんにうかがったことですが、「台本通りに台詞を言う」のが、役者の仕事だとおっしゃってるんですね。当然、ただ単に「言う」だけじゃなくて、藤原竜也さんが言うからすごい、っていう言い方で言うわけなんですけど。

岸田　そう、私のやってる古典音楽の場合も、譜面の通りに弾くにしても、弾いているのは、すごい演奏家ですしね。

——共通する部分が、多そうだと思いました。

岸田　建築にも似ているかもしれない。

——あ、どういう部分が、ですか。

岸田　コンポーザーとして私がやってるのは、図面を引くことなので。でも「現場」に出たときは、現場監督みたいにいろんな部分を細かく微調整しながら、天候だとか、作業員さんの調子もチェックしつつ、大きな建築物を建てるイメージなんです。

——以前、建築家の田根剛さんに、建築家の喜びってどこにありますか、とうかがったことがあります。

岸田　ほう。

――つまり、誰かの自宅をつくったとしたら、その家は住む人のものですよね。巨大な公共建築を手掛けたとしても、それは「自分のもの」じゃない。大きすぎて「自分の作品なんです」とも、簡単には思えないんだ……と。

岸田　そうなんですか。

――じゃあ、建築家としての仕事の喜びはどこにあるんですかと聞いてみたんです。そしたら「自分のつくった建築物が、みんなのものになることが、うれしい」って。

岸田　ああ……それはよくわかります。あの、うん。それは、本当に思いますよね。そのことは、音楽を仕事にしてなかったらわからなかったかもしれないというか、音楽をやってると、すごくわかるというか。

――くるりの歌って、みんなの歌ですもんね。

岸田　私たちの歌だけじゃなく、そうですよね。歌というものは、おそらくね。自分らでつくり上げた音楽が、いったん世の中に出てしまったあとには、もう、みんなのものになる。

——そういう実感がありますか。

岸田　よく、曲は子どもみたいなもんですよねと言われることがあるんですけど、たしかにそういう面もあるけど、それより私の場合は、何だろう……大切な他人っていう感覚で。世の中に出たら、他人のもん。リリースしたらすぐ子離れしちゃうんです。それは、とても不思議な感覚で、ある意味「思い入れ」さえなくなるんです。

——元気にしてればいいや、みたいな？

岸田　そう。本当にそう、そんな感じ。その曲のことは一切、考えなくなりますし。

——おもしろいなあ。

岸田　ほんで、聴かないしね。とりたてて。でも、なんかの折にふと耳にしたときに「すごい、どうやってつくったんやろう」みたいなふうに思ったりとかしてる（笑）。

——自分でつくっておきながら（笑）。

岸田　昨日もね、明日は取材があるってことで、くるりでも聴いとこうと思って聴いたら。

――「くるりでも」って（笑）。

岸田　「わあ、いいな！」って思いました。

――おお、何かこっちもうれしい（笑）。

岸田　自分がリスナーとして曲に感じることって、それくらい、つくっている瞬間には感じられないんです。創作には客観視が大事ですとか言うけど、そんなの無理で、制作中は、中身の細かい部分ばっかり見てますから。

――で、つくって出したら「子離れ」して。

岸田　そう、すっかり忘れて。だいぶ時間が経ってから聴いてようやく、リスナーの気持ちに追いつける。だから、そういう意味では、リスナーのほうが、ぜんぜんくるりのことを知ってると思う。

――リリース当日に出会ってからしばらくは、その曲で心を震わせたりして、本当に好きになったら何百回でも聴いたりしますしね、ぼくら。

岸田　そうなんやと思います。

——自分にもたくさん好きな曲ありますけど、それって、もはや自分の曲かのように思っていますもんね。人生のテーマソングはこれだ、みたいな。

岸田　そうそう。不思議なことですよね（笑）。そしてそれは音楽に限らず、美術だとか、映画だとか、小説だとかね、いろんな作品で、ありますよね。

——そういう意味で、いま、岸田さんがハマっている作品って何かありますか。

岸田　音楽以外でなら、『鬼滅の刃』ですかね。

——おお、ど真ん中きた！（笑）

岸田　何だか、作品の世界そのものを超えて、作者の吾峠呼世晴先生が、いままでどんなふうに生きてこられた人で、何を考えながら、この作品をつくったのかを知りたいほど。物語に飲み込まれてしまうっていうかな、そういうことってここんとこあんまりなかったんですけど。

——久々ですか、その感覚。

岸田　ここまでデカいのは20年ぶりとかです。

——ある作品にズバッとハマっちゃうのって、世の中の状況とか、年齢とか、自分の心の有り様みたいなタイミングも、あるんでしょうね。

岸田　そう思いますね、たまに考えますからね。世の中と私自身の状態がいまとちがったら、何にも感じなかったのかな、とか。

――そう考えると、自分の心の中にずっと残るような作品に出会えるってことは、本当に奇跡のようなことなんでしょうね。

岸田　うん、くるりのやってる音楽って、そこまで間口の広いものじゃないなあと、自分らでは思ってるんです。もちろん、多くの人が聴いてくれていてありがたいんですけど、紅白歌合戦に出るバンドでもないですし。

――出たら超観ますけどね。

岸田　だから、自分が、あれだけメジャーな作品にやられるとは、ちょっと思ってなかったです。

――自分は、いろんなプロフェッショナルにインタビューするんですけど、たとえば、若いミュージシャンに話を聞いて、昔のこのバンドに影響を受けてますって、それはある意味では当然のことだと思うんです。音楽家が音楽家に影響を受けるのって。

岸田　ええ。

――でも、ある程度キャリアを積んだ人は、音楽家なら音楽以外から、ごくごくと栄養を得るようになる傾向が、あるような気がするんです。

岸田　ああー……。

――先日も著名な写真家さんに話を聞いたら、落語や噺家さんから、影響を受けてるんじゃないかなって。それは、写真術に関することというより、もっと、こう……。

岸田　テーマにしているものが似ていたりとか、することあるんでしょうね。

――そうそう、まさに、そんな感じでした。写真と落語に共通するものに、惹かれている……学んでいるというか。

岸田　だから、自分も音楽を通じて、何をやっているのかって考えていくと、技術的には、空気の振動を組み合わせてるんだけど。

――ええ。

岸田　もっと大きなところでは、心の気持ちよさの流れみたいなものを、考えているというかなあ。

——なるほど。

岸田　私の好きな音楽っていうのは、きっと「別の何か」に似ているんです。たとえば、入眠するときのホカホカする感覚とか、胸が苦しくてヒリヒリする感覚……。

——ああ……。

岸田　人を好きになってドキドキしたりとか。そういう、別の何かに似ているんです。たぶんね。

半径数メートルの円の中で。

岸田　たぶん、ゴッホみたいな人もあれですよね、絵とか美術以外に、宗教とか信仰からも影響を受けてますよね。

——そうみたいですね。いわゆる宗教画は、ほぼ描いていませんが。最初は宣教師になりたかったけど挫折して。

岸田　強烈な信仰と抑圧……と言ったらいいのか。あの青の色、すごいなあと思う。

——そう、青と黄色が中心の《星月夜》って、その前年くらいに描いて掻き削ってしまった《ゲッセマネのキリスト》という作品と、ほとんど同じ色使いらしいですね。

岸田　そうなんですか。

——宗教的な絵を描いたけど掻き削ってしまい、同じ色使いで星の渦巻く月夜を描いた。激しく憧れているのに理解されないという、おっしゃるとおり、まさに強烈な「信仰と抑圧」というものを、内に抱えていたんだと思います。

岸田　それが表現の軸として、あるんでしょうね。ブレない、確固たるものとして。だからこそ、ちょっと気分悪くしながらも、惹かれてしまうんやろなあと思う。

——岸田さんの軸って、何ですか。

岸田　私の？

——いや、スリーピースからオーケストラまで、メンバーの人数も音楽の種類も、さまざまなスタイルでやってきた岸田さんの「軸」って。ご自身では、どう思ってらっしゃいますか。

岸田　自分自身の音楽に関しては……そうだなあ、たとえば、自分自身が楽曲をつくる、あるいは何らかのインスピレーションを音楽にする、そういうときっていうのは。

——はい。

岸田　半分「表現者」、半分は「職人」として、自分らがこんなふうに表現すれば、もしかしたら、誰かに何かの感情を抱かせたりとか、誰かの気持ちを軽くするようなことが、できるかもしれない。実際、そうやってきた自負もあるんです。

——はい。自分もその経験をしたひとりです。

岸田　だから、それをやるだけだということは、あるのかなと思います。おもしろくも何ともない答えですけど。こんなね、新型コロナみたいなときでも、自分自身の音楽と向き合うこと。

——向き合うこと自体が、軸であると。

岸田　技術面で言えば「緊張と弛緩」というかな。もしかしたらね、私たちの音楽、ものすごくストイックに聴こえているかも、しれないんですけどね。

――ええ。

岸田　でも、なんか、どこかにギャグを忍ばせておけないかなあとか。

――ギャグ！　や、その気配はある気もします（笑）。

岸田　そういう気持ちは、常に持っているんです。息を止めて走り抜けるみたいな緊張状態が、しばらく続いたとしても、どこかで、ファッとフヌケになったりとか。

――はい、はい。

岸田　これまでも何度か話には出てきましたが、トンネルの暗がりの向こう側に青い空がバアーっと広がっていたりとか、長い階段を上がっていった先に、気持ちいい光景が広がっていたりとかね。

――ええ。

岸田　私たちの音楽のそういった部分を、リスナーのみなさんには、愛してもらってるのかもしれないなとは思ったりしてますから。

――はい。そうだと思います、実際。

岸田　それと、これは音楽以外の部分ですけど。

——ええ。

岸田　バンドの人としてもそうやし、職業音楽家としてもそうやし、ひとりの社会人としてもそうなんですが、やっぱり、自分は立派な人ではないと思っています。

——え、そうなんですか？

岸田　だって、それはね、そうだと思うんです。くるりというバンドからは、これまでにも実際に何人かメンバーが辞めてますしね。

——それは……事実としては、まあ。

岸田　メンバーの辞めないバンドを見てたらね、そりゃあ、思いますよ。なんかよくなかったのかな……とかって。

——いろんな事情があるんでしょうから。

岸田　あるいは、たくさんのお金を使ったのに、ちゃんと回収できなかったりとか。ふつうに考えて、そんな遠いとこ行ってレコーディングしなくてもとかね。さすがに、それは無駄遣いでしょ……みたいなことに、たくさんの時間と労力をかけてたりとか。

——そんな思いがあるんですか。

岸田　バンドの人らにも迷惑をかけてきたしね、それは、スタッフにも同じ。音楽をつくるということは、他人と深く関わっていくということだし、確固たる思いや覚悟を持って自分の責任を果たしていかなきゃなって、たまに考えんのやけど、なんかね、あまりうまくできているとは、自分では思えないんですよ。

——岸田さんほど才能も実績もある人でもそういうふうに思うんですかと、自分なんかは、思っちゃいますけどね。

岸田　自分自身の評価は、そうなんですよ。だから、そういう意味での人間的な成長みたいなことというのが、自分には必要やなって、最近、すごく思うことではありますね。

——人間的成長。それは、自分もだなあ。

岸田　だって、何ていうかな、助けられていることのほうが多いんで。私は、バンドの人や、まわりの人に。

――そうですか。

岸田　そうですね。

――で、そうやって生まれた音楽を聴いて、ぼくらは助けられている……という。

岸田　それはもう、ほんとにね、ありがたいことなんですよね……うん。

――何度も言ってすみませんが、新型コロナで家から出られなかった期間は、くるり聴いてましたもん。それと、サニーデイ・サービスの当時の新譜と。

岸田　ああ、あれ、いいですよね。『いいね！』ってやつ。うん、よかった。

――昨年、聴いたアルバムの中でも、かなり。曽我部さんの、あの「奮い立たせ方」は何なんだろうと。

岸田　うん、うん。

――たぶんサニーデイ・サービスのことを知らない人だと思うんですが、そのアルバムの4曲目の『春の風』について、SNSか何かで「すごい新人バンドの曲かと思ったらオッサンだった」みたいなことを書いてたのを見かけて。

岸田　ああ（笑）。

――ご本人はどう思うかわからないけど、すごい褒め言葉に思えました。だって、本当に、そうなんですもん。曽我部さんって、ぼくらよりも年齢が上なわけですが、あんなにも走り出したくなるロック、久々に聴いた感じがして。

岸田　曽我部さんって、私たちが出たてのころにかわいがってくれた先輩なんです。ああいう、ヒリヒリしていながらも……火がくすぶってて、燃えそうで、燃えそうで、もういまにも燃え出しそうなんやけども、ギリギリのところでパッと消えて、フワーッと灰になって、どっかへ飛んでいっちゃったみたいなね。

――ああ、そんな感じですね。そうだ。

岸田　それでいて表現はどこまでも誠実ですし、そこにセンスを感じますし、何より、うれしそうに楽しそうにやられますよね。

――楽しそうって、本当ですよね。いちばん強いと思うんです、そういう人。岸田さんの楽しさは、どこにありますか。

岸田　音楽をやってる楽しさ？

――評価されたとか、お金がもうかったとか、ライブが最高にうまくいったとか、音楽をやっていると、楽しいことやうれしいことって、さまざまなレベルであると思うんですが。

岸田　褒められたりね、お金もうけたりね、そりゃあ、もちろん、うれしいんですよ。でも……やっぱり、私の場合は、バンドの人たちだとかスタッフとかと、くるりの音楽について、「やっぱり、これだよな～」とか言って、盛り上がれるのが、いちばん楽しい。

――半径何メートルかくらいの円の内側にいる仲間たちと、自分たちの音楽のことを、やんや言うと。

岸田　そうですねえ。マニアックなこととかね、ここのギターが最高だよな、とかね。そうやってワイワイやってるときが、いちばん、エネルギーが高まる気がする。

――バンドっぽいですね、その光景。そこに「くるり感」があるんでしょうね。

岸田　ああ、そうかも。そうかもしれないです。

2020年12月25日　京都にて

全身全霊バンド、一生懸命ロック。

曽我部恵一にとってバンドとは何か

バンドの音でやりたかった。

――昨年、リリースされたサニーデイ・サービスのアルバム『いいね！』を聴いて、ずっと感動してました。

曽我部　**あ、ほんとですか。うれしいな。**

――バンドだ！　……って思ったんです。若いころにカッコいいと思っていたバンドの音楽そのもので、ずっとバンドをやってきた人たちの、バンドの音楽だと思いました。

曽我部　**ありがとうございます。**

――子どもみたいな感想なんですけども、走り出したくなる……アルバムをシャッフルで聴きながら、自分も自分の場所でがんばろうと。そんなふうに思わせてくれる音楽は、なかなかないんですけど。

曽我部　音楽に限らないけど、わ、すごいがんばってんなっていう作品や表現に触れたら、「よーし、自分もやんなきゃな!」とか「いますぐ、何かはじめないと!」って気持ちになりますよね。

——まさにそれでした。じっとしていられなくなって、無闇に歩き回っちゃうような。

曽我部　ぼく、表現って、それだけだと思う。で、今回は、そういう音楽をバンドでやれたって感じがしてるんです。ずっと一緒だった丸山（晴茂）くんが亡くなって、新しいドラマーが入って1作目だったので、1作目らしく一生懸命つくった作品だし。

——新しいドラムの大工原（幹雄）さんとの1作目らしく、一生懸命に。

曽我部　うん、そういうレコードになったかなと思っていますね。

——中でも『春の風』を聴いていました。何だったか……YouTubeかな、「めっちゃ若いバンドかと思ったのに、オッサンだった」みたいなコメントを見かけたんですね。

曽我部　ああ、あったあった（笑）。

――ものすごい褒め言葉に、思えたんです。

曽我部　あ、そうですか（笑）。

――うらやましいと思った……というか。あのコメントを書いたのは、きっと若い人なんだと思うんですが、そんなこと思わせるのって、ちょっと、なかなか、無理ですから。

曽我部　パッとつくったアルバムなんですよ。それまでの1年くらい、「次は、どんな音楽をつくろうか」「こんなのはどうかなあ」とかグダグダグダウダウダずっとしてて。

――あ、そのデッドロック感があっての、あの爆発。

曽我部　とにかく、煮詰まってたんです。で、あるときに、それまでにでき上がっていた曲をぜんぶ捨てて。

――ぜんぶ？

曽我部　バンドサウンドで、ゼロからやり直そうと思ったんです。

——へえ……。

曽我部　いまの音楽のトレンドとか、流行ってる曲とか、そういう視点も、ぜんぶ捨てました。10代で「バンドやりたい！」って思ったころに戻って、もう一度ガッとつくってみようと。自分を真っ裸にして、やってみた。

——そしたら、あのアルバムが生まれた。

曽我部　そう、2週間くらいかなあ。

——そんなに短期間で？

曽我部　それまで1年ウダウダやってたのに。

——極端すぎないですか(笑)。でも、まさしくロックの誕生って感じです。ちなみにですけど、その前の1年間につくってた作品は、どのタイミングで「ナシ」に？

曽我部　ポストプロダクション……ミックスダウンの直前くらいですね。

——ほとんど最終段階ですね。

曽我部　そう、いよいよ完成というところで、「これ、あんまりだな」と思って。

——そこで引き返すのって、かなりの勇気がいると思うんですが。

曽我部　それまでつくっていたアルバムって、年輪を感じる……とか言われそうな、いわば芳醇で、厚みがあって、いい曲、良質な音楽だったんだけど。

――ええ。

曽我部　でき上がる直前になって「こんなことやりたかったのかな?」って、ふと思ったんです。

――そうなんですか……はあ。

曽我部　で、そんな気持ちでいるとき、大阪へ行ったんですね、仕事で。

――ええ。

曽我部　移動中、車で高速を走ってる最中にザ・スミスとか、ラモーンズとか、中学生のころに聴いていた音楽をずっとかけてたんだけど、ああ、すごくいいなと思ったんです。

――はい。

曽我部　ぼくはこういうことがやりたいんだと、そのときにわかったんです。そこで音楽の「要素」を絞りきって、もう一回、音楽に向き合ってみようと思った。アレンジや楽器もそうなんですけど、内容についても、もっとずっと削って、減らして、シンプルなバンドの音でゼロからつくり直そうと思いました。

――で、やってみたら……。

曽我部　よかったんです。これでいい、これがいいんだと思えた。その前の作品は、CDに収める高音質な音楽って感じで。

――ええ。

曽我部　新しいほうは、ライブで全身に浴びる音みたいな感じ。やっぱり、あれくらいシンプルでスキマのある曲を、自分は聴きたいなあと思ったんですよ。

――つまり「聴きたい音楽」を、つくった。曽我部さんが、そのときに聴きたかった音楽を。

曽我部　そうなりましたね、結果として。

――ただ、創作以外の面で言うと、そこまで制作が進んでいたアルバムを、ナシにするのも大変ですよね。

曽我部　まあ、そこは、自分でやっているから、決断できることですよね。制作費も自分の会社で出していますし、自分が困るだけなんで（笑）。

――バンドの仲間にはどう伝えたんですか。

曾我部　また別の機会に出せるようにしますと。ただ、（ベースの）田中（貴）くんは、いつも、あんまり言わないんです。

――創作や作品の面に関しては。

曾我部　まあ……アルバムの全体像については、ギリギリになるまでぼく自身でも見えてなかったりするけど、田中くんは、ほぼ何も言わない。一緒に曲をつくっていくわけですけど、アルバムが完成してはじめて、ああ、あの曲もあの曲も入ってないんだって思うとか言ってた。

――そうなんですか。へえ……。

曾我部　作品は、あくまでも、ぼくの世界観でつくっていったらいいって思ってくれているみたいで。だから、田中くんとしても、そこには口出ししないと決めてるのかな。

――チームとしての役割なんでしょうね。そういう関係性で、ずっとやってこられたんでしょうし。

曽我部　そこはもう任せたって感じだと思います。

――とにもかくにも、あんなに奮い立たせられた音楽って、久々だったんです。そういえば、昔はこういう気持ちで音楽を聴いてたよなあ……って。

曽我部　そうですか。

――そういうことを思い出させてくれました。2020年のコロナの真っ只中の、サニーデイ・サービスのバンドの音楽が。

曽我部　ありがとうございます。うれしいです。

スリーピースの可能性は無限。

――ドラムの丸山さんの存在は、当然、大きかったと思うんですけど、メンバーが変わったら、バンドも何かが変わるんでしょうか。

曽我部　うん、変わります。変わりましたね。ようするに、その人にできることしか、できない。その集合体が「バンド」なんです。

――なるほど。

曽我部　だから、大工原くんが入ってからはドラムについては、大工原くんという人の音なんです。つまり、丸山くんの音じゃない。バンドって、そうやって、微妙に変わっていくんだと思います。

——とくにスリーピースって、バンドとしては最少の人数ですから、ひとりひとりにかかる比重のようなものも大きいですよね。

曽我部　うん、だから、おもしろいんですよ。かつては、サポートでキーボードとサイドギターを入れて5人でやったりしてたけど、ここ数年は、3人がおもしろいなあと思ってます。

——おもしろい。

曽我部　スキマがあって、スッカスカだけど。そのおもしろさがあるんです。

——でも以前、いくつかバンドの出るライブで、いちばん人数の少ないサニーデイ・サービスが、いちばん大きな音を出していたんですよね。

曽我部　ははは（笑）。ま、3人しか人がいないっていうことは、ライブでは、レコード通りに演奏できないんです。レコーディングでは音を重ねて録音してたりしますから。で、その「足りなさ」が、いいんですよ。

——ライブでは、足りないのが、いい?
曽我部　うん……足りてはいないんですけど、何でもできるっていうか。可能性は無限って感じがするんです。
——スリーピースの可能性は、無限大!
曽我部　そう、最初のところに立ってるから。バンドというものの、最初の地点。ライブのときの「足りてない音」は、お客さんが、頭の中で再生してくれてると思う。
——おお、なるほど(笑)。
曽我部　この先のギターのリフ、みなさん、頭の中で弾いてください、みたいな感じかな。ぼく、エリオット・スミスってシンガー・ソングライターが好きで。
——はい、最初バンドだった人ですよね。
曽我部　ピアノも弾くし、ドラムも叩くしで、レコーディングでは、さまざまな音を重ねているんです。トッド・ラングレンみたいに、緻密に構築された、質の高いポップスを聴かせてくれる人なんですけど。

——ええ。

曽我部　ライブ映像を見ていると、やっぱりパンク上がりの人っていうのか、すごくシンプルなんです。自分がボーカル兼ギターで、あとはドラムとベースの3人なんですね。アルバムではピアノが入っていた曲も、ライブでは、いさぎよく、なし。

——ギターとベースとドラムだけ。そこに歌。

曽我部　そのシンプルさが、突き刺さるんですよ。あの人のライブを観たら、音楽には装飾なんて必要ないんだなと思いますね。

——飾りの部分を削ぎ落しても……。

曽我部　ちゃーんと「その曲」になってるんです。エリオット・スミスが、エリオット・スミスとして歌ってるから。音が足りなくなるからってサポートのミュージシャンを入れて補わなきゃとか、そういうことじゃないんだなあって。

——その曲の本質に触れていれば。どんな編成でも、音が足りなくても。

曽我部　そう、飾りを削いでも成立するし、そっちのほうが、断然カッコいいいんです。だからいまは、スリーピースのバンドで突き詰めていくことが、本当に楽しいなあと思ってるところです。

――スリーピースのバンドって、ちょっと「特別な感じ」がありますね。わざわざ「スリーピース」って言うし、ロックという音楽が持つ精神性みたいなものも何か感じますし。単純にカッコいいですし。

曽我部　ヒヤヒヤするしね（笑）。だってギターがソロを弾いてるときには、コードのバッキング、消えるから。ごまかしが効かないんです。で、そこがまた、いいところですけどね。

――ベースの重低音がブンブン唸ってるのが、いっそう迫ってきたりとか。

曽我部　さんざんやってきて思うんですけど、ライブって、「足りないこと」が重要な気がする。そういうライブって「忘れない」んです。ずっと心に残っちゃうというか。

――へえ……何でだろう。

曽我部　あの……以前、渋谷のジァン・ジァンで、早川義夫さんのピアノの弾き語りを観たんですけど、ある曲の冒頭で止まっちゃって、やり直すんですよ。それも、3回くらい。

——そんなことが。

曽我部　あのライブは、いまでも忘れられない。やり直すのがいいってことじゃなくて、そういうシーンを見れちゃうのがライブなんでしょうね。

——たしかに、棚に並んでるレコードには、収録されませんもんね。その、3回もの「やり直し」って。

曽我部　ぼくら人間が生きていくっていうことは、大げさじゃなく、そういうことなんだろうと思うんです。納得いかずチキショーって思いながら、何度もやり直してるじゃないですか。

——たしかに……そうですね。

曽我部　何らかの思いがあったんでしょうね。ぼくらにはわからないことですけどね。でも、その様子を見て、ぼくらは「ああ……」って思うわけです。で、その「ああ……」が、ライブでは大事な気がしているんです。

——なるほど。

曽我部　これでどうだ、完璧だろう……って1ミリも隙のないものを見せられるより、どこか、何かが足りてないもののほうにこそ、気持ちが入っていくと思う。

――はい。わかる気がします、本当に。完成されたA級品よりも、どうなっちゃうのかわかんないような熱を帯びたもののほうが。ロックみたいな音楽の場合は、とくに。

曽我部　スリーピースのバンドには、そういう「足りなさ」を感じるんです。

――ええ、ええ。

曽我部　バンドにギターがふたりいたら、その「責任」は分散されていくけど、自分ひとりの場合、全責任を負うしかないこともある。その意味で、3人編成のバンドって、各自が個として独立してる気がする。

――各々が独立した楽器を演奏して、それらが合わさって、ひとつの曲を奏でてるんですものね。

曽我部　そうなんです。おもしろいんですよ。そういうスリーピースの在り方が、最高に好きなんです。ぼくは、いま。

――覚悟みたいものを感じたりもします。聴いているこっちは。勝負というか。だって、たった3人でドンですもん。

曽我部　そうそう（笑）。3人でドンですよ。たったの3人で立っている姿に覚悟も見えるだろうし、ああ、そういう音楽をやるんだなって提案も含まれているし。

――なるほど、そうか。提案。ちなみにですが、曽我部さんの好きなスリーピースバンドって……。

曽我部　ザ・ジャムかな。すぐに思いつくのは、やっぱりね。日本のバンドなら、ブランキー・ジェット・シティですよね。ドラムとベースだけをバックに、ベンジーのソロが聴こえるっていう、あのスリルが、たまんないです。

――仮に、もうひとりギターがいたら、その「スキマ」が埋まっちゃって。

曽我部　ハラハラしないんです。

ギター1本で歌った30代。

――歌というものについて、曽我部さんは、どう思っていますか。

曽我部 歌。

――人はなぜ歌うのか……とか、たとえば。うれしくてもかなしくても歌いますよね、人間って、歌を。歌を歌わない民族はいないと思うし、歌うと気分が晴れたり、歌を聴いて涙を流したりもしますし。

曽我部 歌い方とか、表現の仕方……とかが、すべて歌い手に委ねられていて、だからこそ、ただ歌詞の内容だけじゃなくて、その人の魂も生きざまも、ぜんぶが乗っかっちゃってるようなもの。

――それが、歌。

曽我部 うん。

――そういう歌が「届く」んでしょうね。

曽我部 そういう歌を、聴きたいですもんね。どの民族にも歌があるのは、楽器とか便利な道具を発明する前に、みんな、もう、歌っちゃってるからじゃないかなあ。

――昔から好きだったんですか、歌。

曽我部 ぼく、どうなんだろうな……。音楽の授業はキライだったんですけど、子どものころは、「こたつの上で西城秀樹を歌ってたよ」って親に聞いたことがある(笑)。

──『YMCA』とか。いいなあ(笑)。

曽我部 だから、好きだったとは思いますね。ちっちゃいときから、歌は。

──何かの表現とか、感情の発露とかだったんでしょうか。

曽我部 いやあ、そこまでたいしたものでは、なかったと思いますよ。ちょっと高いところで歌を歌うことが気持ちよかったんだと思うし、たぶん、いまと根本は同じなんだと思いますね。

──じゃ、バンドをやろうとなったときも、自然と「歌う人」に?

曽我部 いや、ギターがやりたかったんですよ。人前で歌うなんて大それたことは、自分には、絶対できないと思ってた。だから最初は別の人がボーカルでした。でも、彼が辞めてしまったので、半ば仕方なく歌うようになったんです。

──へええ……そうなんですか。アルバム『いいね!』の中の曽我部さんの歌……っていうか歌声は、やさしいんだけど、直球で「スパーン!」とミットに入ってくるんで、それで涙がにじむみたいな感じがして。

曽我部　そうですか（笑）。いまは、歌うことも好きになりました。

――わあ、そうですか。いつくらいから、そういう感覚に？

曽我部　んー、ここ10年くらいですかね。それまでは好きというより、音楽をやりたいという思いのほうが強くて。ギターを弾くのと同じように、役割として歌を歌ってる感覚だったんです。曲を再生するためのボーカル……というくらいの認識しか、なかったんです。

――機能としての歌であり、役割としてのボーカルだった……と。

曽我部　20代の間は、ずっとそうでしたね。でも、30代でサニーデイ・サービスを解散したときに、ぼく、ひとりになったんです。

――はい。

曽我部　ソロのミュージシャンになってみると、アコースティックギターと、自分の歌しかないんです、ライブでは。

――ええ。

曽我部　そうなったとき、あまりに自分が弱かった。ひとりになったら、バンドでやってきた音楽ができなかった。だからこれは、ひたすら修行しなきゃダメだなと感じて、地方を行脚して回ったんです。

——地方の……ライブハウスを。

曽我部　カフェとか飲み屋とか、もう、なんでも。

——えっ……そういう場所でも。

曽我部　うん、どこでもやりますって言って、いいよって言われたら、そこへ飛んでいって歌を歌いました。そうするうちに「自分をぜんぶ出さないと歌えない」ということを学んだし、「こう歌えば、思いは伝わるのかも」ということもわかった。

——すでに有名な人だったのに、それをやるのは、ちょっとすごいです。

曽我部　で、そんなことやっているうちに、歌って難しいけど、おもしろいなって思えてきたんですよ。

——あらためての「修行」みたいな時代。

曽我部　まあ、ふつうならアマチュア時代にやることなんですよ。でもぼくには、その時間がなかったから。ライブで鍛錬することもないままデビューが決まって、そこそこ、うまくいっちゃったんです。

——なるほど。

曽我部 30代になって、バンドを辞めてひとりになったときに、自分には、まったく力がなかったんだと気づいた。いま、徹底的に歌を歌っとかなければ、この先、無理だと痛感したんです。

——危機感。

曽我部 いろんな場所で歌いながら、歌の重要性をあらためて認識しました。弾き語りの場合、ギターってもうオマケのオマケ程度で、みんな、歌しか聴いていないいんだなってことも、よくわかりましたし。

——ああ……でも、たしかに。弾き語りを聴いているときには、ほぼ全神経が歌に集中してしまうかも。

曽我部 まあ……遠藤賢司さんくらいになると、歌とギターが一体化しちゃってものすごいんだけど、ぼくなんかでは、やはり歌の力で勝負しなきゃならない。

——歌の力……って、言い換えると、どういうものでしょう。

曽我部　何かね……全身全霊であるというかな。全身全霊って、いい言葉だなあと思ってるんですけど。

――はい、自分も好きです。

曽我部　身体も魂も……全身全霊、すべてが歌に乗っかっているときに、感動を呼べるんだと思う。そうじゃないと、やっぱり、人の心には届かないです。

――ギリギリのところでの勝負って感じ。はあ……。ちなみに、その修業はいつまで続いたんですか。

曽我部　いまだに、続いてるんですよ（笑）。ずーっとやってます。ちっちゃいところだと、マイクもスピーカーもないんですよ。「スピーカーないんですけど、大丈夫ですか？」って聞かれるから、「大丈夫っす」と言って（笑）。

――カッコいいなあ！

曽我部　いまはステージや客席がなかろうが、どこでも歌えます。

――ギターさえあれば。

曽我部　うん。

――いや……弾き語りというスタイルは、もともとは、そういうものだったんでしょうけど。

曽我部　そうそう、そうなんですよ。そもそもの場所に戻ればいいだけで。バンドだってそうです。リズムがあって、コード感があって、歌があれば、それでやれる。

――なるほど。

曽我部　その3つの要素があれば、ロックンロールは、やれるんですよ。「そのシンセ、いる？　ホントに？」っていうか（笑）。

――いやあ、いまの「曽我部恵一」として、そういう歌を歌い続けているのがすごいと思います。

曽我部　ギターの弦って6本あるんですけど、演奏中に切れて3本になっちゃっても、それはそれで演奏できるんですよね。

――実際、そういうこともありますよね。曽我部さんの場合。

曽我部　そう（笑）、観ている人はうわーって思うみたいなんだけどね。最初のうちは、あわてて張り替えていたんですけど、いまはもう、そのままやってる（笑）。

――それこそ音楽的には、いろいろと「足りてない」ですよね。本来6本の弦が、3本しかなければ。

曽我部　うん。でも、その代わり、会場は、がぜん盛り上がるんですよ。

――ああ……。

曽我部　なんか、プロレスの試合で、流血すると一気に盛り上がるじゃないですか。あれに似てる気がするなあ（笑）。

最高の時間で満たしたい。

――いったん解散しているとはいえ、サニーデイ・サービスって、メンバーがよく入れ替わってるバンドではないじゃないですか。

曽我部　そうですね。田中くんは高校生のときから知ってるから、もう30年くらいになります。

――音楽をやりたいと思ったとき、だったらバンドだって感じだったんですか。

曽我部　ぼくらの時代はソロシンガーとか、シンガー・ソングライターでやろうって人、そんなにいなかったと思います。

──バンドが、カッコよかった。

曽我部　そう。

──その後、ギター1本でいろんなところを回った時期を経て、いままたバンドへ戻っていますが。

曽我部　ええ。

──再始動を決めたというのは、どういう気持ちから、だったんですか。

曽我部　解散のあと7～8年、空いてるんです。バンドの最後のほうって、「みんなで音楽をやる」ということが、めんどくさく感じていて。

──そうなんですか。

曽我部　人間関係のわずらわしさもあったりね。ステージに立つまでに、いろんなデコボコをならしてかないといけないように感じて。

──へえ……。

曽我部　でも、解散から7～8年も間が空くと、そういうめんどくささを、すっかり忘れちゃったんですよね。「えっと、なんでヤダったんだっけ?」みたいな(笑)。

——おお(笑)。

曽我部　それで「またやろうよ」って声かけて。ただ、それだけなんです。で、もう一度バンドをやり出したら「ああ、こういう人間関係がめんどくさかったんだな」ってことを再確認したりしてるんだけど(笑)。

——なるほど(笑)。

曽我部　でもいまは、解散の前とはちがって「考え方やスキルのちがいを、平らにしていかなくちゃいけないんだ」とは思わなくなりましたね。

——というと?

曽我部　いまは「ちがいがあるなら、そのままで表現したらいいじゃん」って思うようになってきたんです。バンドで音楽をやるってことは、メンバーの間に考え方やスキルのちがいがあって当然だと思うようになった。

——そうなんですね。

曽我部　どこかで繋がってはいるんだけど、バラバラの人間が集まって、みんなの前で自分たちの音楽をやる。その姿を、素直に見せればいいんだろうなって、いまは思っています。

――なるほど。

曽我部　下手なら下手で、ぜんぜんいいんだよね。

――3人でやってることに、意味がある。

曽我部　そう。

――あらゆる社会・組織・集団には、人間関係ってものがつきまといますが、バンドの場合は人数が少ないぶん、隠しようがないというか、露わにならざるを得ないような部分も、あるんでしょうか。

曽我部　かもしれないね。

――そういう理由で解散もするんだけど、でも、めんどくささを忘れちゃったら、もう1回くっついたりもするわけで、バンドの人たちって、そんなところがすごく正直な感じで、惹かれるんです。

曽我部　そうですか（笑）。

――ふだんから会ったりもするんですか。

曽我部　ぜんぜん。ぼくらは一切、会わないですね。趣味もちがうし。

——じゃ、いつ会ってるんですか。

曽我部　練習のときと、ライブのとき。

——だけ。

曽我部　うん。

——それも不思議だなあって思うんです。そんな頻度でしか会わない人たちが、ライブでは、宝石みたいな音楽を聴かせてくれる。

曽我部　まあ……ぼくもベースもドラムも、相手の楽器については「おまえに任せたぞ」と思ってるし、反対に「歌とギターは、自分に任せてくれ」って思ってやってますからね。

——ライブがうまくいったなってときは、どういうときですか。

曽我部　それがね、わかんないんですよ。めちゃくちゃいいライブだったなとそのときは感じても、あとで、あらためて音だけ聴いたら、そうでもなかったり。

——不思議ですね。

曽我部　自分たちとお客さんとでつくり出す会場の空気や空間が、どうだったかって話だと思うんです。演奏の良し悪しも関係してくるのだろうけど、たぶん、すべてではなくて。

――演奏がうまくいっただけでは、必ずしもいいライブには、ならない。

曽我部　こうすればよくなるってノウハウは、まあ、ないんですよ。毎回毎回、そのスイッチはちがう。でも、いつでも求めてはいるんです。ライブの空間が、最高の時間で満たされるってことを。

――曽我部さんのステージを見ていると、そのことが、いちばん伝わってくるかもしれない。

曽我部　そのためには、ぼくらができることは、練習して練習して、本番を一生懸命やるしかないんです。それを続けてると、たまーに「いいライブ」が訪れるんですよね。

――それこそ「全身全霊」でやってると。

曽我部　そう、練習通りにやれたとしても、それが「いいライブ」に繋がらないこともあるとわかった。だったらもう、一生懸命やるしかないと思うんです。そうすると、何度かに一遍「いや、今日は本当によかったね！」なんていう夜が訪れてくれる。

——ご褒美のようなものですね。

曽我部　そうです、そうです。本当にね。ライブが2時間あったとして、最初から最後まで完璧に演奏できたからいいかっていうとそんなことはない。全体的にはグダグダしてたけど、「あの一瞬だけは、すごくよかった！」というパターンもあって（笑）。

——生ものなんですね、その意味でも。何がよかったかはそのとき次第という。

曽我部　そう、お客さんからしてみれば、MCで言ったあのひとことがよかった、みたいなこともあるだろうし。

——ライブのある日って、特別な日ですか。曽我部さんの毎日の中でも。

曽我部　すごく重要です。

——曽我部さんたちの音楽を楽しみにしてその日が来るまで、仕事や勉強をがんばってきた人たちに、たくさん会える日ですもんね。

曽我部 本当に、ありがたいなあと思います。お金を払ってぼくたちのライブに来てくれるのって。その気持ちは年々、強くなってます。だから、いつでも「いいライブ」にできるよう、ぼくらは一生懸命やるだけなんです。

——ギターってカッコいいじゃないですか。

曽我部 うん（笑）。

——ヒーローという言葉がつく楽器って、ギターくらいしかないと思うし。

曽我部 演奏のスタイルが、カッコいいよね。ストロークで弾く姿とか。ピート・タウンゼントみたいに、右手をグルグル回すのも、いいし。

——エネルギーみたいなものを感じます、ギターという楽器には。

曽我部 あの「ジャーン！」じゃないかなあ。あの「ジャーン！」を聴くと、「うおおーっ！」って、なるもんね。

——はい（笑）。

曽我部 ピアノは楽器の王様って言うけど、あのカッコよさは、ぼくはギターにしかないものだと思う。ギターよりカッコいい楽器ってちょっとないし、たぶん今後も出てこないんじゃないかなあ。

「お前ら全員死ね！」で開いた世界。

――曽我部さんは、音楽に心が救われたような経験をしたことがありますか。

曽我部　救われた……そうですね、ぼくは、セックス・ピストルズとかのパンクを知ったことが、自分自身、すごく大きな転機になってるんです。それまで「音楽」って、感動的で、真面目なことばっかりを歌ってるもんだと思ってたから。

――ああ、そうなんですか。

曽我部　そうじゃなくて、ピストルズなんかは「お前ら全員死ね！」みたいなことを歌ってるじゃない。あんなのもアリなんだって知って、救われたというか、世界がパーッと開いていった感じかな。

――お前ら全員死ね……で、世界が開いた。

曽我部　まあ（笑）、中学生のころですけど、パンクに出会わなかったら、つまらない人生だったなと思いますね。

——どういう少年だったんですか。

曽我部　もうね、学校もつまんないし、当時は親も好きじゃないと思ってて、「お前ら全員死ね」って、本気で思ってるようなやつでしたね。こんな世界、木っ端みじんに終わっちゃえばいい、と毎日、毎朝、思ってた。

——いまの曽我部さんからはちょっと想像つかない感じですけど、思春期って、そういうものかも。

曽我部　でも、自分と同じ思いを歌にしてる人たちの存在を知って、すっごくうれしくなったんですよね。で、「ぼくもこれをやるんだ！」って、友だちとバンドを組んだんです。

——その……目の前が開けた瞬間の少年の気持ちを想像すると、ちょっと、感動してしまいますね。

曽我部　ギターを買うお金はなかったんで、親戚の人から借りました。もう、「お前ら全員死ね！」って思ってたこと以外、バンドをやりはじめる前の自分が何を考えていたのか、ちょっと思い出せないくらいです。

——そんなですか。

曽我部　うん、パンクに出会う前の人生は、親とか先生とかに学校へ行けと言われたから、行っていただけの人生だったから。

――そんな少年が、パンクに出会って。

曽我部　自分は、この自分の人生においては、絶対バンドで食っていくんだ、やりたいのはバンドだけなんだって気持ちになったんです。

――すごい決意。

曽我部　まだ1曲もつくってないのに（笑）。

――いいなあ（笑）。ちなみにセックス・ピストルズには、どんなふうに出会ったんですか。

曽我部　ぼく、中高一貫校だったんですけど、当時、高3の先輩にパンクな人がたくさんいたんです。あるとき「おまえ、これ聴いとけ」と渡されたテープに、セックス・ピストルズが入ってた。

――それまでは、どういう音楽を？

曽我部　カルチャークラブとかのポップス、ヒットチャートの音楽しか聴いたことがなかったんですよね。だから自分がバンドをやるなんて、思ってもみなかった。

――でも、パンクという音楽は、自分が思ってることと一緒だったから。

曽我部「歌詞に罵詈雑言が並んでいて最高！」と思ったわけです（笑）。

――でも、そこからはじまったバンド人生が、いまも続いているんですものね。

曽我部 そうなんですよ。

――セックス・ピストルズの他に、ターニングポイントになったバンドとかミュージシャンっていますか。

曽我部 ジョン・レノン、ボブ・ディラン。

――おお。

曽我部 ジョンの『ジョンの魂』っていうアルバムを聴いたとき、セックス・ピストルズ以来の、大げさじゃなく、革命的な何かが自分の中に生まれたんです。自分自身というものを、ここまで素直にさらけ出すことで、こんなにも、誰かを感動させられるんだ……と。

――具体的には……。

曽我部　たとえば『コールド・ターキー』は、自分の苦しみを、ただただ言葉にしてるだけですよね。それで自分はこんなに感動している。ああ、これなのかって思いました。

——きわめて個人な事柄を歌っていても、音楽として成り立つんだ……と。

曽我部　うん。同時に、そういうことでしか、伝わっていかない恐ろしさ。きれいに飾った音楽は心地いいけど、魂に直接響いてくるのは、自分の苦しみを叫んだ声なんだって。

——そうか……。

曽我部　人間の……少なくとも、ぼくの心のある部分に触れてくるのは、そういう音楽、そういう声なんだなと思ったんです。

——声。

曽我部　うん。

——あの、さっきも言いましたけど、曽我部さんの歌声って、ぼく、すごく好きなんですけど、昔から、その声だったんですか。

曽我部　20代のころの声とはちがいます。で、この先も変わると思う。40代のいまは「出る」んだけど。

——あ、そうなんですか。出る。

曽我部 うん、いまのほうが出ますよね、声は。若いころに比べたら。ただし、体力が回復するまでの時間は、ぜんぜん長くなってますけど。

——そうでしょうね、それは。

曽我部 どれだけ疲れたり喉が枯れたりしても、昔だったら、少し休めばもう1回やれるって感じだったけど、さすがにいまは、一晩、寝ないと戻ってはこないですね。

——40代のほうが声が出るっていうのは、どういう感覚ですか。納得いく声が出る……というような?

曽我部 実際、声がデカくなってきてるんです。

——そういうものなんですか。

曽我部 うん、やればやるほど太くなっていく。倍音も増えている気がします。

——鍛えてるからってことでしょうか。

曽我部 たぶん。ずっと歌ってるから。

——以前オペラ歌手の人に取材したときに、オペラの場合は、50代が最高の時期だと言ってました。

曽我部 ああ、本当ですか。

——60代からは、喉の筋力が落ちてきて声にビブラートが入ってしまうので、それはオペラ的にはダメなので、いっそう鍛錬がいると言ってましたが。

曽我部 そうなんだ。なんか、わかるなあ。ビブラートって、いろんなことを、ごまかすこともできちゃうから。

——使いようによっては。なるほど……。

曽我部 やっぱり、さっき「全身全霊」って言いましたけど、自分のすべてを、歌に乗せることが大事だと思ってて。

——漫然とは歌えないんですね。

曽我部 そうですね。少なくとも、ぼくはそう。ただ、伝えたいことが出すぎてたり、感動させようとするのもちがう。それよりも、そういう思いを超えて、自分の持ちうるすべてを、歌に乗せて出すということなんです。

——はい。

曽我部　お客さんの感情をコントロールしようとか、何かをごまかそうとか、そういう歌には、何にも感じないから。そこに、その人の人生や、その人自身がいるかどうかが、すべてです。

渾身の1曲があればいい。

――サニーデイ・サービスの『春の風』がまさにそうなんですけど、曽我部さんの詩には、1行目で心をつかまれることが多くて。

曽我部　あの曲は、最初に結論めいたものが出てきていて、出発点がちゃんとあるんです。そういうつくり方って、やろうと思っても、なかなか難しくて。

――一概には言えないと思いますが、作詞や作曲って、どんなふうにやってるんですか。

曽我部　一緒に出てくるのが理想ですね。メロディと歌詞とが。

――たとえば、曲は書けたけど、詩が出てこないという状態だと……。

曽我部　そのパターンは、ちょっと大変です。できちゃった曲に、言葉を探して乗っけてくというのは。たまに、その作業になっちゃうけど。

――曲は何でつくることが多いんですか。

曽我部 ギターですね。

――じゃ、ギターでコードを弾きながら、メロディと歌詞を探っていく。

曽我部 そう、さっきの『春の風』だったら、その1行目の「今夜でっかい車にぶつかって死んじゃおうかな」って歌詞が出てきたら、大丈夫。そこで、もう、できちゃっているんです。あとは「続き」を歌っていけばいいだけ。

――2行目以降は、自然と出てくる?

曽我部 うん、『コンビニのコーヒー』って曲も、そんなふうにできてます。「コンビニのコーヒーはうまいようでなんとなくさみしい」って1行目が出てきたら、あとはもう、できてないけど、できちゃってるんです。1行目が2行目以降を呼んできてくれる。

――まさに「生まれる」みたいな感じですね。あれこれやって「つくる」というより。

曽我部 それが理想なんですけど、なかなかできないんです。

——毎回は、むずかしい。

曽我部 できないですね。

——そのぶん「力」があるんでしょうか。そうやって生まれた曲には。

曽我部 生命力が強いような気はしますね。魂が勝手に歌いはじめたみたいな、そういう曲なので。人間の生命力のようなものが、含まれているような気はしますね。

——生命力、まさにそんな曲だと思いました。走り出してしまいたくなるような興奮と、わけのわかんないエネルギーをもらえる。

曽我部 ああ、そんなふうに言ってもらえるのが、いちばんうれしいです。それが、やりたかったことだったんです。

——この前、bonobosの蔡（忠浩）さんも、曽我部さんの歌詞、すごく好きだっておっしゃってました。

曽我部 あ、ほんとですか。うれしい。

——蔡さんも自分で歌詞を書いていますし、歌詞集も出されてますけど、「何なんですかね、あの魅力は」って。

曽我部　歌って、おもしろいなあと思いますね。どんなに不完全でも、それが一生懸命つくったものであれば、それでいいと思えるから。

――不完全でも?

曽我部　自分のすべてを賭けてるような歌なら、それだけで、いいんですよ。

――そういう歌は、わかるものですか。

曽我部　わかりますよね。無名のシンガー・ソングライターでも、この曲は、本人にとって重要な1曲なんだろうなっていうことは、わかりますよ。聴けば。

――どれだけ真剣に創作に向き合っているか。

曽我部　そういう曲が、無名の人で1曲だったら、有名な人には何曲もあったりする。でも、逆に言えば、ただそのちがいだけじゃないかとも思う。

――有名無名の差は。なるほど。

曽我部　だから、どれだけ無名であったとしても、そういう曲が1曲でもあるならそれでいいじゃんって、ぼくは思います。その1曲をずっと歌ってほしいと思う。そうすれば、そのうちに、いつか2曲目が生まれるかもしれない。

――渾身の1曲があればいい、と。何でもインターネットの時代ですけど、どれだけ聴かれたかって、数値として可視化されますよね、いま。そのあたりについては、どんな感想を持ってらっしゃいますか。

曽我部　それはそれで、別にいいと思いますよ。上から順番に聴いていくわけですから、みんな。そういうもんでしょうし。

――そうですか。

曽我部　ただ、その一方で、無名でも誰かの、とんでもない1曲を探してる人もたくさんいるんです。ぼくみたいにね、たとえば。

――ああ……。

曽我部　音楽の聴き方は多様化しているし、どんなふうに聴いてもいいと思います。でも、自分自身としては、ネットの世界で自分の曲が何回再生されているかには、関心がないです。

――はい。

曽我部　音楽の価値って、究極的には、どれだけ自分が真剣に向き合ったかで、それだけで決まると思う。真剣につくった曲なら、誰かに届く。それは、必ず。続けていれば、絶対に。

——再生回数とか「いいね!」の数とかに、つい惑わされがちだけど。

曽我部　曲のよさとは本質的に別のものですよ。そういうものってね。

——自分のやりたいことに、どれだけ真剣に、一生懸命に、取り組んでるか。

曽我部　それしか生きている意味ないですから。

——そっか……。

曽我部　生きている充足感があればいいと思う。人に「いいね」と言われようが何しようが、こういう音楽をつくれて、ああ幸せだな……って思えるかどうか。それって、自分の心にしか判断できないことだし。

——最後、ちょっとあいまいな質問ですが、曽我部さんはいま、バンドって何だと思っていますか。

曽我部　うーん……そうですねえ、バンドって。不完全な個の集合体なんだけど、みんなで集まってそれぞれの持場に責任を持ってやれば、ときとして、すごいところに届いちゃうような……。

——なるほど。

曽我部　ビートルズってバンドも、きっと、世界を制覇してやるって思ったときに、ジョンというひとりの天才では、たぶん、まだ足りなかったんですよね。そこで、ポールを呼んだんです。そうやって、世界制覇をしたんですよ。

——ああ……。

曽我部　ようするに……あのジョン・レノンが自分以外の人に、表現の「ある部分」を委ねたわけで、そうまでしてやりたいと思った、それが「バンド」というものだと思う。

——理想のバンド像って、ありますか。

曽我部　あの……いつだったかなあ、ぼく……どっかのちっちゃい街で、ラーメン屋さんに入ったんですけど。

——はい。ラーメン屋。

曽我部　50代後半から60代くらいかな、おじさんがふたりで、厨房でラーメンつくってたんです。

——ええ。

曽我部　そしたらね、片方のおじさんが、もう片方のおじさんに、麺か何かを、後ろから、サッと渡した瞬間を見たんです。そのときに、「うわぁ、バンドみたいだなあ」と思ったことがある（笑）。

――へええ（笑）。

曽我部　あの、無言で互いを補い合ったり、信頼し合ってる感じが、最高で。あいうのが、理想かもしれないな。

――おもしろいです……し、なるほどー。

曽我部　だからね、あのおじさんふたりをぼくらのライブに招待したら「あいつらラーメン屋みたいだな」って思うのかもしれない（笑）。

2020年10月13日　下北沢にて

甲本ヒロトは、こう言った。

ロックンロールについて教えてくれた51分54秒

いますぐ、できると思った。

——お時間、ありがとうございます。今回「バンド論」という……。

ヒロト　バンド論？

——はい、論というと大げさですが。

ヒロト　うん。

——ズバリの質問をしてしまいますと、ヒロトさんは、これまで長くバンドをやってきて、いま、バンドって何だと思っていますか。

ヒロト　まずは、「憧れ」ですね。

——憧れ。

ヒロト　はい。

――それは……いまも「憧れ」ですか？

ヒロト　そうです、そうです。憧れです。いまも、ロックンロールに憧れています。バンドの人になりたかったです。うん、ぼくは。

――なりたかった。バンドの人に。はじめてのロックンロール体験は、たしか中学生くらいですよね。

ヒロト　12歳ですね。

――12歳。

ヒロト　12歳になったばっかりでしたね。中学1年生の手前。小学校から中学校へ上がるときの春休みでした。

――それまでも「音楽」というものに、触れてはいたけれども。

ヒロト　もちろん、もちろん。世の中、音楽に溢れていますから。でも、見えちゃなかったし、聴こえちゃなかったですね。

――ロックンロールという音楽……は。

ヒロト　何となく楽しいんだろうなとか、感じてはいたけど、それくらい。それより、怪獣のほうが断然カッコいいなあと思っていた。

——怪獣、なるほど。でも、あるときに、何かを聴いて。

ヒロト　ラジオからたまたま聴こえてきた。聴いたんじゃない、聴こえてきた。それまでも、きっと、ずっと聴こえていたのに、焦点が合ってなかったんだね。でもある日、突然、ピタッときた。それで「聴こえてきた」んです。

——ロックンロールが。聴こえてきた！

ヒロト　うん。そのときに、急にね。

——それは、なぜだったんでしょうか。

ヒロト　わかんないです。そのときの自分の状態にも何か原因があったかもしれないし、それは、わからないけども。たぶんね、いろんなタイミングが、ピタッときたんだよね。それで、ぼくはとりつかれちゃったんです。

——ロックンロールに。

ヒロト　気が狂ったんだなと思ったんです。自分が。ロックンロールを聴いて感動して、もう、わけがわからなくて。

——わからないというのは……。

ヒロト　だっておかしいんだもん、自分が。もう、とりつかれて。涙は止まらないし、ギャーギャー嗚咽を漏らしながら、畳をかきむしっている。おかしくなっちゃったって思った。

――そんな状態ですか。

ヒロト　これは、何なんだろうと思った。いまならもう、感動という言葉を知っているから、そう言えるけど。そのときは、わけがわかんなくて。

――何か、正面衝突みたいな……。

ヒロト　だから、そんで、はじめてロックンロールを知ったあの瞬間のあの感動、もう1回、ああいう感じになりたいと思った。感動って言葉は知らなかったけど、ああなりたいと思った。

――ああ……。

ヒロト　だから「聴くこと」に専念したんです。ロックンロールを。ぼくはこれを聴けばいいんだと思った。この音楽を、ずっと。そのときに、ぼくは、はじめて、子どものころの夢とかなんとか何にもなかったけど、一生この音楽を聴き続けたいと思った。

――おお。

ヒロト それが、ぼくの夢だ。これが夢なんだ。聴くんだ、このロックンロールを。でもどうやったら一生聴けるんだろう。お小遣いも足りないし……そうか、何か音楽の仕事に就けばいい、たとえばレコード屋さんになれば、一日中レコードを聴いていられるとか。

――ええ、ええ。

ヒロト そうやって、いくつか考えたんだけど、まあ、それ止まりだった。そのときは。

――つまり自分でバンドをやろう……とは、思わなかったんですか。

ヒロト うん。

――ただ、ひたすらに聴いていたんですか。

ヒロト ずっとです。一生これだと思っていた。だって、美味しいラーメンを食べてさ、美味しいなあと思って、もっともっと、食べたいと思うじゃん。

――ええ。

ヒロト つくりたいなんて、急に思わないです。

——そうか……じゃ、ロックを食べ続けて。

ヒロト そう、ぼくはずっと、聴くだけだった。聴くということを、一生懸命にやった。人に聴かせるということを、自分がやろうとは思ってなかったです。

——それが、あるときに変わるんですか。

ヒロト うん、それはね、ぼくの聴いていた音楽っていうのが、古い音楽ばっかりだったの。当時の流行の音楽を聴いてなかった。ピントに合わなかったんです。そんで、自分が反応するものだけをどんどん追いかけていくと、結局、古い音楽……ブルースだとか、ソウルミュージックだとか、昔の黒人音楽のほうへ行ったんです。

——当時の「昔の」というと……。

ヒロト 50年代、60年代の音楽。きっかけは、60年代のビートグループですけど、そういう音楽を、ぼくは70年代に聴いていたんです。

——つまり10年とか20年前の音楽を。

ヒロト そう。でも、いまはこんな音楽はないから、ぼくは一生ずっと、古い音楽を聴き続けるんだなあって、思っていたんだけど。

——はい。

ヒロト　1977年にパンクが出てきたんだ。

——ああ！

ヒロト　パンクを聴いたとき、ぼくは、新しいとは、ぜんぜん思わなかった。むしろ、古いと思った。これ、もともとぼくが好きなやつだ！　これ、これ、これ、だよ！　ブルースとかソウルとか、そういう黒人の音楽のほうから来て、ストーンズやキンクスやフーや、ビートルズをつくる元になったやつ！だ。

——すごい（笑）。

ヒロト　そういう、ぼくの大好きな音楽と、同じ原料でできていると思ったんだ。

——1977年の、パンクロックが。

ヒロト　バシーッときたよ。そして、思った。「ああ、これだったら簡単にできる」「ぼくにも、いますぐできる」って。

そこに「バンド」が現れる。

——ヒロトさんは、パンクロックを聴いて、いますぐ、ぼくにもできると……。

ヒロト 思った。楽器をやったこともないし、音楽の知識もなかった。作詞だってしたことはない。作曲も。

——それでも。

ヒロト できると思った。パンクを聴いたとき「あ、これならできる、誰よりできる」って思ったんです。

——誰より。

ヒロト でね、親に、すぐ言ったの。それが中学2年か3年のころなんだけど。「お父さん、日本の法律では、子どもは、中学まで行けばいいんだろう」「ぼく、中学を卒業したら家を出て、ひとりでロックやって暮らすから」って。

——ロックの宣言！　お父さんは……。

ヒロト 「おまえ、失敗したらどうすんだ」って。だから、ぼくは「失敗したら、死ぬだけだ」「死にゃいいんだろう、大丈夫だ」って。

——わあ。

ヒロト「簡単だろう、そんなこと。だってぼく、これしかやりたくないんだ。だから高校へ行っても意味がないよ。中学は3年、きっちり卒業します。そしたらもうぼく、好きなことをやるよ。ロックンロールをやって生きていくんだ」って。いきなりそんなこと言われて「わかった、応援してやる」なんて親は、どうかしてる。いまなら、わかります。

——はい、たしかに。

ヒロト でも、そのときぼくの中では、絶対にロックンロールしかないと思って、それしかないと信じていたから、親と揉めたんだよ。大ゲンカになってね。親も、大変なことになったぞって。それまで、おねだりも何にもしないほど、おとなしい子どもだったのに、なんで急にそんなこと言い出すんだって。

——ええ。

ヒロト ぼくには、どんな言葉も響かなかった。絶対に、自分が正しいんだと思ってた。そんで、最終的に、お父さんをブン殴っちゃったんですよ。

——えっ、あ……そうでしたか。

ヒロト 顔面を。グーで。

——グ、う、わー…………はい。

ヒロト そのときの感触、まだここにあります。それで、これは、ちがうと思ったんだ。ロックって、こんなことをしてまで、やるもんじゃないだろ、絶対ちがうよ。そんなようなことを、何かフィジカルに感じたんですよね。

——親を殴ってまでやるもんじゃない、と。ロックンロールというものは。

ヒロト それで、納得はいってなかったけれど、親の言うことを聞いて高校へ行った。で、上京の口実で大学受験して、親を騙して、なんとか東京に出てきた。

——そこまでは、バンドはやらなかった?

ヒロト アマチュアでやる気がなかったんです。まわりには、いくつかバンドがあった、高校生のときには。でも、そこに混ぜてもらったりだとか、仲間を集めたりする気はなかった。

――どうしてですか。

ヒロト　最初から本気でやるつもりだった。1曲目からオリジナルを歌おうと思っていた。

――1曲目から！　じゃ、曲はつくってあったんですか。

ヒロト　ない。

――ない……？

ヒロト　ないけど、それは「ある」んだよ。曲はつくるっていうものじゃない。すでに「ある」んで、それが、不意に、出てくるだけで。

――ああ、なるほど。

ヒロト　ロックンロールってそういうもの。竹馬とおんなじなんだよね。ジッと見てて乗れると思った瞬間、もう乗れているんだ。練習しなくたって、やれるんだよ。

――パンクを聴いて「誰よりもやれる」と思ったのも、同じことですか。

ヒロト　そう、でも1回、上京する直前に、おもしろいことが起こった。

――何ですか。

ヒロト　ぼく、わりと進学校に通ってたんで、バンドやってた連中、みんな高校3年の夏休みくらいから、受験勉強をやり出したんだ。でも、ぼくはブラブラしてたら、何人か、まだバンドやりたい連中が、メンバーを探していたんだよね。

――ええ。

ヒロト　で「ヒロトは、何もせんの？」って聞くから「うん。何もせん」と言ったら、「音楽、好きなんだろ？」って。「好きよ」って。そしたら「じゃ、歌ってみる？」と言われて。

――言われて！

ヒロト　友だちのバンドで歌ったんですよ。遊び半分の気持ちで。でも、そのとき、こう言ったんだ。「ぼく、歌ってもええけど、絶対にオリジナル曲しか歌わんよ」って。そう言って、はじめて即席で2曲、オリジナルをやった。

――そこが、ヒロトさんの、はじまり！

ヒロト　鼻歌で歌って、こんな歌っつって。じゃあやってみようかって。夏休みの自主コンサートみたいに披露したりした。そのバンドがみんな上京したんで、何回か、その仲間とライブハウスでやったりしていた。

――あ、それがつまりラウンドアバウトというバンド？

ヒロト　うん、うん。すごくいい仲間です。

――はじめて歌を歌ったとき、どういうことを、感じたんですか。

ヒロト　いけると思った。人の歌をコピーするんじゃなくて、そもそもコピーしたことないけど、ああ、いいなあ、自分のやりたいことをやるのって、こういうことなのかって。

――ひとりでロックをやっている人もいると思うんですが、バンドでと思ったのはなぜですか。

ヒロト　ぼくを惹きつけた音楽の大部分が、バンドの音楽だったから。カッコいいんですよ。ただ、ただ、カッコいいんだよね。何をどうカッコいいと思うかって、人それぞれだけど、ぼくには、バンドがカッコいい。それはもう、怪獣と同じくらいに。

――怪獣レベル。

ヒロト　そう、ベムラーみたいな感じだね。あれになりたかった。ぼくは怪獣になりたかったんだよ。

――冒頭でもおっしゃってましたが、そういう「バンド」に、いまだに、憧れているんですか。

ヒロト 憧れています。あんなふうになりたい。だから……やりたいっていうより、ぼくは「なりたい」んだね。やっぱり。

――なりたい。バンドの人に。

ヒロト ぼくにはやりたいことがあるんですって、そういう言い方をするけど、ほんとは、なりたいものがあるんだよね。

――ただ、ぼくらからしてみると、ヒロトさんはもう、バンドの人になっていると思うんですが。

ヒロト いや、なってないよ。だって、いま、ふつうの人じゃない。

――ぼくの目の前にいるのは、あの有名な「甲本ヒロト」ですけど……。

ヒロト ちがうちがう、ちがうんだよ。こうしてふつうに生きているときは、バンドの人でも何でもない。4人で集まって、ステージの上でガッってやった瞬間、そこに「バンド」が現れるんだ。だから、いまここで、あなたの前でしゃべっているぼくは、ただのバカなんです。

——あっ……そういうことですか。

ヒロト　あれになりたいから、またやるんだ。

——つまり、その都度その都度、バンドの人に「なってる」んですか。ライブのたびに、ヒロトさんは。

ヒロト　そうです。

——何十回も、何百回も。憧れの人に。

ヒロト　そうです。たった1回で満足するわけじゃないし、あれになりたくなくなったら、バンドなんて辞めているよ。そうだよ。

扉の向こうに、ロックの宇宙。

——今日、これまでもいくつかバンドの名前が出ましたけど、とくにこのバンド、というのは……。

ヒロト　ぼくは、何でもいいんだ、バンドなら。みんなカッコいいよ。変な話。

――バンドであれば、誰でも。

ヒロト　ロックンロールをやってるバンドって、ぼくは、みんなカッコいいと思う。ただ、とくにっていうことであればね、パンクばっかり聴いていたころに、並行して聴いていたのが、パブロック。イギリスのね。あれが、もう大好きで。

――パブでやってたバンドの音楽ですね。

ヒロト　バンドのカッコよさってことで自分にいちばん影響を与えているのは、あの、パブロックかもしれない。

――ドクター・フィールグッド、はじめ。

ヒロト　もちろん、もちろん。他にも、もっともっとたくさんいるよ。ぼくの思う「バンドのカッコよさ」が、凝縮されているバンドだね。

――あの、中学生になる前のヒロトさんがロックに感動したように、ぼくらも、もちろん音楽に感動させられているし、勇気をもらったりしてるんです。

ヒロト　そうだよね。

――自分の場合は、やっぱり、ブルーハーツの音楽が大きかったです。

ヒロト　そうやって、回っていくんだね。ぼくも、同じように感動させられたし、そうやっていま、ここにいるよ。

――歌って、どうして、そんなふうに思わせてくれるんですか。

ヒロト　そんなこと、わからない。いいじゃん、別に感動したんだから、それが「どうしてか」なんて。

――そうですか。

ヒロト　美味しいものを食べたら、美味しいっていうだけで、いいじゃん。どうして美味しいのだろう……なんて考えてみたって、わかんないし、みんな、答えの先を見つけようとしすぎてるよ。

――答えの、先。

ヒロト　みんな、もう答えを知ってるじゃない。歌に感動したっていうのが「答え」で、そこがゴールだよ。もう、ゴールテープ切っているのに、そのあとにも、まだ何か求めようとばかりしてるんだ。

――そうか。感動した……で、いい。

ヒロト　ぼくはね、昆虫も大好きなんだけど。

――はい。

ヒロト　ぼく、昆虫を見るとね、謎だらけだなあとよく思うんだけど、養老（孟司）先生は、「ちがうよ、ちがう、謎じゃないよ。こいつらは、答えしか見せてないよ」って言うんだ。「虫たちが見せてくれているものが、もう、答えなんだよ」って。そんなの、何かで読んだことがある。

――大事なものは目の前にあるんですね。

ヒロト　うん。遠くのほうにじゃなくてね。それ以来、養老先生にならって、昆虫を見るときは、ただ驚いたり、喜んだりしてるだけ。驚き続けているんだよ。その驚きがあるから、好きなわけだし。そして、その驚きや喜びの経験の中で、すごい発見があったりするんだと思う。

――ロックンロールも、同じですか。

ヒロト　そうだよ、ただ感動すればいいだけ。その先を考えたりしないな、ぼくは。

――じゃあ、ヒロトさんは、どういう歌が好きで、感動しますか。

ヒロト　簡単だよ。「ガン！」って来るかどうか。ただ、それだけ。これは、よく言うたとえなんだけど。ぼくも、ロックンロールにすごく元気や勇気をもらうんだけれども、でも、その歌ってる歌詞の内容は「お前、元気だせよ！」みたいなことは、一切、言ってないんだよね（笑）。

——たしかに、そうですね（笑）。ヒロトさんの好きなパンクの場合とくに。

ヒロト　だって「No future for you～♪」だよ。おまえに未来なんかねえって歌を聴いて「よし、今日もがんばって学校行こう！」って、毎朝、面倒くさい学校を休まずに行けたんだよ。

——ああ……。

ヒロト　ぼくはセックス・ピストルズはもちろん、ギャング・オブ・フォー、クラッシュとか、そのときハマってたパンクのレコードを朝から聴いて、学校に行ってた。

——自分は、ブルーハーツの曲でそれをやってました。

ヒロト　ほんと？　すごいな、ロックンロールは。

——ちなみになんですが、いちばんはじめに聴いて感動した曲って、なんだったんですか。あの、中学生になる手前のときに。

ヒロト　この話をすると、必ず聞かれるんだけど、なんで答えたくないかっていうと、その曲じゃなくてよかったからなんだよ。

——その曲じゃなくてよかった……？

ヒロト　その曲がとくに重要なわけじゃないんだ。ここで、ぼくがその曲名を言ったら、みんなが「えっ、そんなにカッコいい曲なんだ！　その曲を聴けば、ロックンロールに目覚めるのか！」って。

——そうか、そう思っちゃうから。

ヒロト　そういう曲じゃないんですよ。たまたま、その曲が流れていただけです。まあ……言うと、マンフレッド・マンの『DO WAH DIDDY DIDDY』で、もちろんいまでも大好きな曲ですけど、でもそれだけが、ロックンロールのど真ん中じゃないから。

——なるほど……。

ヒロト　それは、ただの「一枚の扉」なんだよね。

——扉？

ヒロト　そう、扉。扉っていうのは、ジーッと見るようなもんじゃないんだよね。開けて、入らないかん。

——ああ、なるほど。

ヒロト　ロックンロールってカッコいいなあ、ぼくを感動させてくれる。そういうものはぜんぶ「一枚の扉」だと思うんです。だから、どの扉でもいいんだよね。開けて入ったら、ぜんぶある。一生かかっても旅できないくらいの宇宙が広がっていて、ぜんぶが、同じ重さで存在している。

——同じ重さ……ああ、みんなカッコいいって意味で。

ヒロト　みんな同じ重さの星として輝いてる。ビートルズも、ローリングストーンズも、今日デビューしたカッチョいいバンドも、みんな同じ重さで、そこにいる。その扉を開けるか、開けないかなんだよ。

——開ければ、ロックンロールの宇宙が。

ヒロト　ブルースの人たちだっているんだよ。マディ・ウォーターズも、ハウリン・ウルフも、そんなん、リトル・ウォルターだって、サニー・ボーイだって、ライトニン・ホプキンスもおるし、ロバート・ジョンソン、チャーリー・パットン、サン・ハウス、みんなおる（笑）。

——それぞれが、ひとつの「星」として。

ヒロト　そのうち、それぞれの星が繋がって、こんどは「星座」が浮かんでくるんだ。ひとつ、ふたつ、みっつ、よっつってバンドを知って、広い宇宙に位置づけられていくと、そのうちに、「音楽の星座」が見えてくるんだよね。

——ああ……。

ヒロト　ぼくも、あるときに「わっ、宇宙だ！」と思ったんだ。「ああ、みんな、ここにいる！」って。

——宇宙を旅してるんですね。ヒロトさん。

ヒロト　だから、レコード屋さんが、いまでもぼくのワンダーランドなんだ。

——いま音楽の聴き方も変わってきてますけど、レコード屋さんって、やっぱり、行くとウキウキしますしね。

ヒロト　する、する。だって、宇宙なんだもん。

——知らない音楽に、ふいに出会ったり。

ヒロト　この星はギラギラしているな、カッコよさそうってジャケ買いしたり。いままで知らなかった星に、銀河鉄道に乗って、旅をしにいってる。

——一生終わらなさそうですね。その旅。

ヒロト 終わらない終わらない。終わらないよ。

こんな話が、できるやつだから。

——ロックンロールの宇宙に、輝くバンドたちが星座をつくっていて、その中を、ヒロトさんは、一生かけて旅していくんだという話が。

ヒロト うん。

——なんかもう、最高です。ヒロトさんは、その旅をしてるんだと。

ヒロト カッコいいバンドを見てると、絶対にブレずに、そこにいるんだよね。だから星座をつくれるわけで、ブレないところがカッコいいんだよね。

——その場から動かないことが。

ヒロト ラモーンズなんか見てみ、昔からずっと同じところにいるじゃん。ローリングストーンズだっていろんなことをやってきたようでいて、あのファーストアルバムを出したときのローリングストーンズは、いまもずーっと、いるんだよ。そこに。

——感じますか？

ヒロト 感じる。だからカッコいいんだよなっ！

——ヒロトさんも、ブルーハーツ、ハイロウズ、クロマニヨンズ……って、やってこられましたけど、やっぱり、ぜんぜんブレてないですね。

ヒロト 結果そうなればいいなと思ってたけど。ロックは夢中でやるしかないから。夢中でやった結果が、そうなってれば、カッコいいなと思う。

——はい。

ヒロト だって、コントロールできない。

——何をですか。

ヒロト そんなね、すごすぎて。相手が。

——相手というのは。

ヒロト ロックンロール。

——ああ、ロックはコントロールできない。なぜなら、すごすぎて！

ヒロト そうだよ。

——コントロールの効かないようなものを、そんな「怪獣」を、よく昔の人は発明してくれましたよね。

ヒロト ねー。

——生み出した……というのか。

ヒロト この世界も、人間も、動物も、神様がつくったのかもしれないけど。

——はい。

ヒロト ロックンロールだけは、人間にしかつくれなかったと思う。ロックは人間がつくって、人間がやって、人間が感動してるんだ。間違っているかもしれないけど……コレデイイノダ！

——あの、ヒロトさんを心に描くときは、ほとんど必ず、マーシーさんが隣にいるんですよね。

ヒロト 実際、隣にいるもんね。

——バンドは変わっても隣のギターの人は、変わらなかった。

ヒロト もう35年以上……40年近いかな。

——それだけ同じ人と音楽をやってきた、その理由は、何でしょうか。

ヒロト　簡単だよ。こんな話が、できるやつだからだよ。いつでも、いつまででも。

――ロックはすごい！……という話を。

ヒロト　うん。それで、互いのことをふつうだと思ってる。彼は、ぼくのこの今日の話を聞いて「ふつうじゃん」って笑ってくれそう（笑）。

――そうなんですね。

ヒロト　ぼくの思うマーシーは、いつだっていまみたいな話を「うん、そうだよ。あたりまえだ」ってね、驚きもせず、ふつうに聞いてくれる人だと思うよ。

――関係性は、変わらないですか。若いころから、ずっと。

ヒロト　うん。ぼくは、そう思ってる。ロックンロールにとりつかれてるよ、マーシーも、ぼくも。パブロフの犬っていうんだっけ、ロックをブラ下げられて、ウェーってよだれたらしながらキャンキャン吠えながら、追いかけ回して走ってきたんだよね。

――おふたりで（笑）。

ヒロトそう、で、パッと横を見たら、「おまえもいたの」っていう（笑）。

――ははは（笑）。喧嘩もしないですか。

ヒロトしないなあ、あんまり。そういえば。ただ、ぼくが怒られることはあるよ。叱られるというかな。

――そうなんですか。

ヒロトぼくがバンドを怠けていたりすると「もうちょっと、やろうよ」って。「あー、今日はもう終わりにしようよ」みたいなこと言うから、ぼく、すぐに。でも、そこでマーシーにケツ叩かれて、ちょうどよくはたらくのかもしれない。

――そういうマーシーさんとやるライブは、じゃ、楽しいでしょうね。

ヒロトうん、だから大好きだよ。ライブは。自分でやるライブはもちろんだけど、人のライブに行くのも好き。そういえば1回、行ってみたいライブがあって。

――あ、誰ですか。

ヒロトクロマニヨンズのライブ。

——おおー（笑）。

ヒロト ぼくね、クロマニヨンズのライブを1回、観てみたいんだよ。だって、観たことがなくて観たいのに、たぶん観られないいんだよ。

——そうでしょうね、おそらく（笑）。

ヒロト 自分とかマーシーが、どんなふうにやってるのか観てみたい。それができたら「ああ、もっとああすればいいのにな、こうすればいいのにな」って気づくことも、あると思うんだ。

——映像なんかでは、観られるでしょうけど。

ヒロト それだと「ライブ」じゃないもんね。

——どういうところが楽しいと思いますか。ライブって。

ヒロト ぼくが感じるライブのおもしろさは、ひとつには、もちろん「目の前で起きている」ってことが、やっぱり、いちばんで。

——ええ。

ヒロト あのね、本物のゴリラが……このたとえもけっこう使うんだけど、身長50メートルのキングコングの映画をテレビで見るのと、身長2メートルの本

物のゴリラが部屋に来るのとだと、どっちが怖い？（笑）

——断然、本物のゴリラです（笑）。

ヒロト でしょ。だから、そういうことだよ。ライブというものは、身長50メートルあるキングコングよりも、怖いものなんだよ。つまり。

——怖い。

ヒロト 本物のゴリラが部屋にやってきてさ、でっかい声で吠えまくって、そこらじゅうブッ壊しまくってたら、絶対、怖いでしょ？　あれがライブだと思う、ぼくは。

——はじめて行ったロックのライブって布袋寅泰さんだったんですが、たしかに、こんなにも音が大きいということに、怖くなった覚えがあります。

ヒロト 圧倒されるよね、はじめてのときは。ぼくも、でっかい音が大好き。でっかい音の中だと集中できるんだ。

——集中。

ヒロト いろんなことを吹き飛ばしてくれる。スピーカーに頭突っ込むようにってよく言うんだけど、もう、ほんと、はじめてロックを聴き出したころも、いまもそうだけど、スピーカーに頭突っ込むようにして聴くんよって、よく言ってた。

――それは、気持ちいいでしょうね。

ヒロト　あのさ、これ、バンド論になってる？

――あ、はい。もちろんなってます。最高のバンド論です。

ヒロト　ははは、ならいいけど（笑）。

ロックンロールは、やさしい。

――バンドという集合体のイメージには、それぞれのメンバーがそれぞれぜんぜんちがうことをやっていて、でも、いっぺんに聴くと、めちゃくちゃカッコいい音楽になっている、ということが……。

ヒロト　あると思う。

――ヒロトさんが「ボーカル」になった理由は、どうしてだったんですか。最初から、やるならボーカルという思いが。

ヒロトそれは、なかった。

——なかった、ですか。

ヒロトうん、どっちかっていうと、ボーカルだけはやりたくなかったんだよね。ぼくは、ベーシストがよかったから。

——あ……ベース、でしたか。何だか意外です。それは、どうしてですか。

ヒロトベースがいちばん「怪獣」に近い気がした。

——なるほど。たしかに、重低音ですしね。怪獣の唸り声みたいで……。

ヒロトジーン・シモンズ！

——ほんとだ。火を吹く怪獣！（笑）

ヒロトまあ、いまのは冗談っていうか、ちょっとおもしろく言っちゃったけども、でも、パンクの時代って、ピストルズならシド・ヴィシャスとかね。

——ええ、ええ。

ヒロトストラングラーズだったらジャン＝ジャック・バーネルだとかさ、クラッシュだったらポール・シムノンだとかさ、つまり、ベーシストが、そのバンドのイメージを、打ち出した時代だったような気がする。強く。

――ああー……なるほど。

ヒロト　あのパンクのほんの数年間は、なぜか。それで、バンドをやりたいなあと思ったときに、ぼくもベースだ、怪獣みたいで絶対カッコいいぞーって。

――では、いったんはベースを手にされてるんですか？

ヒロト　されてない（笑）。

――されてない（笑）。

ヒロト　さっきも言ったように、ボーカルとして誘われちゃったからね。それでやってみて、そのまんま、居ついちゃっただけです。やったらやったで、パートはなんでもいいってわかったし。

――なんでもいい？

ヒロト　うん、ボーカルでもいいやって。バンドの人になれるなら、ボーカルで。

――そういう感じだったんですか。でも、どうですか。それからずっとボーカルなわけですが、居心地としては。

ヒロト　いや、他の居心地を知らないからなあ。だから比べることはできないけど、ひとつ言えるのは、ぼくはハーモニカを吹いているときがすごく楽しいってこと。

――あっ、そうなんですね。ハーモニカ。

ヒロト　みんなと一緒になれた気がするからね。だから、すごく楽しい。ハーモニカを吹いているときは、ぼくもバンドの一員だっていうことを、ひしひしと感じるんだ。

――バンドの一員……。

ヒロト　だから、ハーモニカはずっと吹いてる。

――やさしい歌が好きで……という歌詞が、自分は、なんかずっと好きでして。

ヒロト　うん。

――ロックなのにって言ったらいいのか、ロックの音楽で、やさしい歌という表現に触れたのは、そのときはじめてだったんです。だから最初は、うまく理解はできなかったんですが、あ、ブルーハーツの歌はやさしい、音は激しいけど、やさしいなあって。

ヒロト　そう？

――はい、ヒロトさんたちの音楽だとか、ヒロトさんの書く歌詞に、やさしさを感じるのは何でかなあと、そのときから思ってました。

ヒロト　まあ、歌詞というものに関しては、ぼくの場合は、ほんとに、なーんにも考えずに、バァーっと出てくるものなんです。

――はい。

ヒロト　だから、本当のところでは、自分でも、何を言っているのかはわからないこともあって。

――そうですか。

ヒロト　でも、やさしいっていうことに関しては、ぼくも、素晴らしいことだなあと思います。

――本当ですよね。

ヒロト　でも、世の中の人は、やさしそうなものに騙されてると、思うこともあります。

――やさし「そう」な、もの。

ヒロト　やさしそうな言葉、やさしそうな態度、やさしそうな表現。そんなの、たくさんあるでしょう。でも、本当にやさしいものは、簡単には見つけられないでしょう。

——うわべのやさしさ。

ヒロト　それでいいことだってあるんだよ。世の中、それでうまく回る場合がほとんどだし。やさしそうな何かを潤滑油として。だから、うわべは重要。だけど本当にやさしいかどうかは、まったく別のこと。

——ロックンロールにも、やさしいということは大事ですか。

ヒロト　ロックンロールは、やさしいから。理屈じゃなくて、漠然とだけどね。激しいけど、やさしい音楽。こーんな顔してやってても、やさしい音楽じゃないかなと思う。

——マイクロフォンの中から言ってるガンバレは、やさしいですものね。

ヒロト　そっか。さあ、どうかな……フフフ（笑）。

——ヒロトさんたちのやっている音楽に元気をもらったり、勇気づけられている人も、やさしさを感じてるんじゃないかと思ったりします。

ヒロト そうなのかな。だったらうれしいな。ぼくもロックンロールから、元気や勇気を、もらってきたからね。

——ただ、ヒロトさんとしては、元気や勇気を「与えたい」と思って、歌っているわけでは……。

ヒロト ぜんぜん、ない。だって、ぼくを勇気づけてくれたロックンローラーたちに「俺はおまえを勇気づけたいんだ」なんて歌われたら、冷めるよ。

——そうですね。

ヒロト 「こんなやつの音楽、聴きたかねえや」って思うよ（笑）。そうじゃなくて、「おまえ、俺は、やりたいことをやる。ぶちかますぜ。最高に楽しんでやる」そういうのが見たいんだ。その姿が、ただただ勝手に見たいだけ。

——勝手に見て、勝手に勇気づけられてる。

ヒロト それがロックンロールなんだと思うよ。「おまえのために歌ってやるから」なんて、やさしさでもなんでもないし、そんなこと言われたら、「そんなもんクソくらえ！」と思うね。

——はい。

ヒロト　だから……そうだな、ぼくはね、立川談志さんにお会いしたときに、やさしいな、この人って思った。

——あっ、そうなんですか。

ヒロト　うん……やさしそうな言葉は、ひとつも言わなかったんだけどね。そういうことじゃないんだろうね。やさしいってことは。

——なるほど。

ヒロト　会った瞬間、そう思う人っている。あ、この人、やさしいって。一見やさしそうじゃない人の中に、ぼくは、よく感じるんだけど。やさしさ、というものを。

——ロックンロールみたいですね。

ヒロト　そうだね。

歌っていれば、うまくいく。

——ロックンロールはやさしい……って、あまり聞いたことなかったけど、でも、本当のことだなあと思います。

ヒロト そう？

――衝動とか、興奮とか、破壊とか……ロックの場合は、そういう言葉のほうが、ふつうはイメージされますから。

ヒロト でも、興奮しないロックはダメだよ。発狂するほど興奮を感じるからこそ、ぼくは感動するんだ。だって興奮にリミッターかけてたら、絶対、感動できないと思う。

――涙が流れるくらいのことですものね、感動って。

ヒロト 死ぬー！　……みたいなことだよね。ぼく、どうなっちゃうんだろう、ああ、死んじゃうかもしれないって。あるとき、ブルースのライブで。

――はい。

ヒロト そう、アルバート・キングのライブで、フライングVのギターを、アルバートが、上からチョーキングでグイって降ろした瞬間。

――ええ。

ヒロト「死ぬー！」って思ったんだよ（笑）。

——おお（笑）。

ヒロト　たぶん、実際に、声に出てた気がする。「死ぬー！」って（笑）。それも1回じゃない、「死ぬ！　死ぬ！　死ぬ！　死ぬー！」って叫んでたと思う。

——そんな、何回も死んじゃうほど（笑）。

ヒロト　で、そうなりたいんだよ。ずっと。ぼくは、ロックンロールを聴いて、ずーっとそうなっていたいんだ。

——それは、いつくらいのお話ですか。

ヒロト　アルバートを観たのは……もう、ブルーハーツをやってました。だから、20代のころだね。あのとき本当に死ぬかと思ったなあ。ぼくは、アルバートが好きで、それまでも、何回も……アメリカまで観に行ったりしてるし、追っかけてたんだけど。

——ええ。

ヒロト　あそこまで感動したことはなかった。死んじゃうみたいな衝撃は。でも、あのとき大阪城の野音で見たアルバート・キングは、ぼく、本当に死ぬかと思ったんだよ。

——どうしてだったんでしょうね。

ヒロト　わからん。でも、あの場にいたって人に聞くと、みんな、みんな「あの日のアルバートはすごかった」っていうよ。

——そういうライブだったんですね。

ヒロト　そう……まずあの日のアルバートは、フラ～ッと出てきて、「あ、アルバートだ、アルバートだ」って、みんなが拍手をしてたら、ギターアンプに、プチッと自分でシールドを挿したの。

——え、自分で挿したんですか。

ヒロト　そう。ほんで、アンプのボリューム、スー……って回して、あの例のフライングVを構えました。

——はい。

ヒロト　したら「ン～……」って聴こえたんだ。その瞬間、客席ドッカーン！

——えと、その「ン～」って聴こえたのは、「フライングV」ですか。

ヒロト　そう、セッティングしたときの音ね。ン～……ってね、いや、音が出るか出ないかくらいの、プチッって挿して、ン～……。それで「客席ドッカーン！」だよ（笑）。

ヒロト アルバートは客席に背を向けたまま。あの音が、もうね、この世のものとは思えないくらいに、みんなをイカせた。

――はあー……。

ヒロト そんで、こっちを振り向いて、フライングVを弾きはじめたとたん、ぜんぶの音が、ぜんぶ来た。なんかもう当たりまくってくるんだ。ぶつかってくる、こっちに。

――すごい。

ヒロト もう、そんな状態になっちゃったら、指なんかもう、たいして動かさなくていいんだよね。ほんのちょっと「クィゥン♪」ってチョーキングしただけで、ぼくらは「ドッカーン！」ってなる。その繰り返し、繰り返し。

――わあ。

ヒロト いや、ほんと、すごかったよあれは！ アルバートがいちいち、なにかをやるたんびにね、「死ぬー！ 死ぬー！ 死ぬー！」って（笑）。ブルース

――そんなライブ、すごいです。

すごいよ。とんでもないよ。

――そういう衝突とか興奮とか発狂が、いまも、いろんな場面で起こってる。

ヒロトライブじゃなくったっていいんだよ。自分の部屋でレコードを聴きながら、しょっちゅうそんな状態になってる。だって、犬だから！　さっきも言ったけどさ、犬なんだよ。

――ロックンロール犬（笑）。

ヒロトロックをブラ下げられて、ウヘーッてよだれ垂らして走ってる、そういう人なんです。じゃなくって、そういう犬なんです。わんわんキャンキャン尻尾を振って、だから、立派でも、えらくも、カッコよくもないんだよ。

――はい（笑）。ヒロトさん、約束の時間が来たので、これで最後の質問なんですが。

ヒロト大丈夫か、この取材？（笑）

――はい、もちろん、大丈夫です！（笑）ありがとうございます。最後、バンドの楽しさというか、バンドをやっていてよかったことを、教えていただけませんか。

ヒロト　何だろう。

――どうして好きか……ということでも。

ヒロト　まず、仲間と一緒にいることの喜び。これが、まず大事です。ぼくは、仲間と一緒にいたいんです。

――マーシーさんをはじめとしたバンドの仲間たちと、一緒にいたい。

ヒロト　うん。どうしてかっていうとさ、彼らと一緒にいると、ぼくは、なりたかったものに……つまり、バンドの人になれるんだよ。

――ああ……憧れの、バンドの人に。

ヒロト　なれるんだよ、彼らと一緒なら。それはね、幸せなことなんです。ぼくにとっては、心からね。

――そうですよね。

ヒロト　それとね、もうひとつ、あるんです。ほら、いまの世の中いろんなことが、うまくいったり、いかなかったりするじゃないですか。

――ええ。

ヒロト　これはねえ、ある年齢になってから気づいたことなんだけど、ぼくは、一生懸命に歌を歌ったら、いろんなことが、うまくいくってことに気づいたんだ。

——おお。

ヒロト　たとえば、お掃除。がんばってお掃除しますって、する。それで世の中、少しうまくいく。それから、今日はね、みんなのためにイスをちゃんと並べた。それでも、世の中は少しうまくいくよ。

——ええ。

ヒロト　でもそうか、いちばんうまくいくのは、一生懸命、歌うことだ。そういうことに、あるときに気づいた。

——歌、ですか。

ヒロト　何をしていいかわからなくなったとき、どうしていいかわからなくなったとき、ぼくは、一生懸命、歌う。歌を歌えば、絶対にうまくいくんだっていうふうに、バンドをはじめてずいぶん経って、大人になってから、気づいたんですよ。

——そうなんですか。

ヒロト　それからはね、どんなことがあっても一生懸命に歌を歌う、それさえやってれば、ぼくは大丈夫だって思うようになった。

――ヒロトさんでも、先が見えなくなることがあるんですか。

ヒロト　もちろんあるよ。人間、生きていれば。ああ、どうしよう。ああ、つまんない。そういう日だっていっぱいある。そういうときには、一生懸命に、歌う。そうすれば、絶対うまくいくと信じるようになった。

――歌う……。大きな声で。歌う。

ヒロト　そうだね。一生懸命に、大きな声でね。そうやってこの歌を歌い切ったあとには、きっと、何かが、うまくいきはじめているって。そう、信じるようになりました。

2020年11月26日　千代田区にて

甲本ヒロトは、こう言った。

山口一郎（やまぐち　いちろう）

２００７年に「サカナクション」としてメジャーデビュー。文学的な言語感覚で表現される歌詞と、幅広い楽曲のアプローチは新作をリリースするたびに注目が集まり、第64回ＮＨＫ紅白歌合戦に出場、第39回日本アカデミー賞にて最優秀音楽賞をロックバンドとして初受賞するなど、その活動は高く評価されている。２０２０年８月にはバンド初のオンラインライブを実施し、２日間で６万人の視聴者を集め話題となった。

蔡　忠浩（さい　ちゅんほ）

２００１年に結成された「bonobos」のボーカリスト／ギタリストで作詞曲担当。蔡の作曲センスと音楽的探究心から生み出される楽曲を、バンドの圧倒的な演奏力と伸びやかなボーカルが奏でることにより、唯一無二のポップ・ミュージックとして国内外のリスナーから高く評価され続けている。ここ数年はバンドやソロ活動の枠を越え、舞台の音楽監督や映像への音楽提供なども行う。

岸田　繁（きしだ　しげる）

１９９６年に立命館大学（京都市北区）の音楽サークル「ロック・コミューン」にて結成されたロックバンド「くるり」のボーカリスト／ギタリスト。１９９８年にシングル『東京』でメジャーデビュー。代表作は『ばらの花』『Remember me』など。ソロ名義では映画音楽のほか、管弦楽作品や電子音楽作品なども手掛ける。

曽我部恵一（そかべ　けいいち）

1990年代初頭より「サニーデイ・サービス」のボーカリスト／ギタリストとして活動を始める。1995年にファーストアルバム『若者たち』を発表。70年代の日本のフォーク／ロックを90年代のスタイルで解釈・再構築したまったく新しいサウンドは、聴く者に強烈な印象をあたえた。2001年にシングル『ギター』でソロデビュー。2004年に自主レーベルROSE RECORDSを設立し、インディペンデント／DIYを基軸とした活動を開始する。以後、「サニーデイ・サービス」／ソロと並行し、プロデュース・楽曲提供・映画音楽・CM音楽・執筆・俳優など、形態にとらわれない表現を続ける。

甲本ヒロト（こうもと　ひろと）

2006年7月の『出現』以来、精力的に活動を続けている「ザ・クロマニヨンズ」のボーカリスト。過去、「ザ・クロマニヨンズ」のギタリスト・真島昌利とともに、「ザ・ブルーハーツ」「ザ・ハイロウズ」としても大活躍。一般のファンだけでなく、多くのミュージシャンからも熱狂的な支持を受けている。

燃え殻（もえがら）

２０１７年に『ボクたちはみんな大人になれなかった』で小説家デビュー。同作はNetflixで映画化、全世界に配信、劇場公開もされ、大きな話題に。また初めてのエッセイ『すべて忘れてしまうから』はディズニープラスターでドラマ化された。他の著作に『夢に迷ってタクシーを呼んだ』『相談の森』『これはただの夏』『湯布院奇行』『断片的回顧録』『それでも日々はつづくから』などがある。

今日マチ子（きょう　まちこ）

漫画家。２０１８年に１Ｐ漫画ブログ「今日マチ子のセンネン画報」の書籍化が話題に。２００６年、２００７年に『センネン画報』、２０１０年に『cocoon』、２０１３年に『アノネ、』が文化庁メディア芸術祭審査委員会推薦作品に選出。戦争を描いた『cocoon』は「マームとジプシー」によって舞台化された。２０１４年に手塚治虫文化賞新生賞、２０１５年に日本漫画家協会賞大賞カーツーン部門を受賞。『みつあみの神様』は短編アニメ化され海外の様々な映画祭で合計23部門の賞を受賞した。他の著作に『夜の大人、朝の子ども』『Essential わたしの #stayhome 日記 2021-2022』などがある。

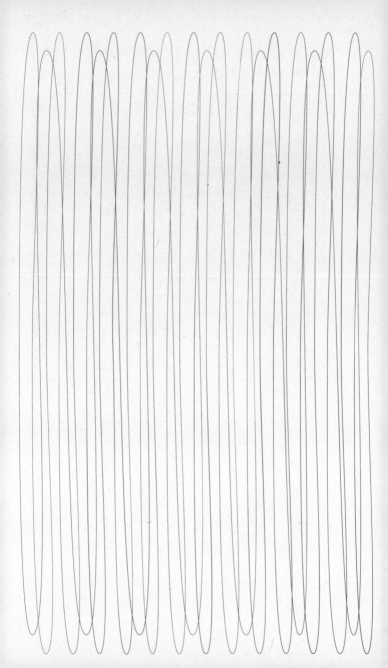

アウトロ　ホームタウン

今日マチ子

この街に行けば
チーターズ
スペシャルインタビュー
彼らに会えるって思ってた
お……
おなじ風景……
大好きなバンドの「地元」
インタビュー記事ぜんぶ読んで
よく行くところも調べたし
・ファミレス
・カフェ
・八百屋
(ベース実家)
絶対に会える!!
よしっ!
…
…さん
山崎さん——
スポン!

こんなとこで何してんのー
隣のクラスの北村さんとたぶん彼氏！
あ〜〜〜 あのバンドのファンでしょっ!!!
聖地巡礼っ!!!
オーケー まかせてっ!!!
ぐ……
バンドー?
オレ地元だからさっ!!!
案内するっ!!!
この八百屋の息子がギター担当っ!!!
すごー
八百屋の出身はベースだけどね！
曲名にもなってんのっ!!!
「なすとトマトのみそにこみ」っ!!!
すごー
正しくは「なすとトマトのブルース」ね！

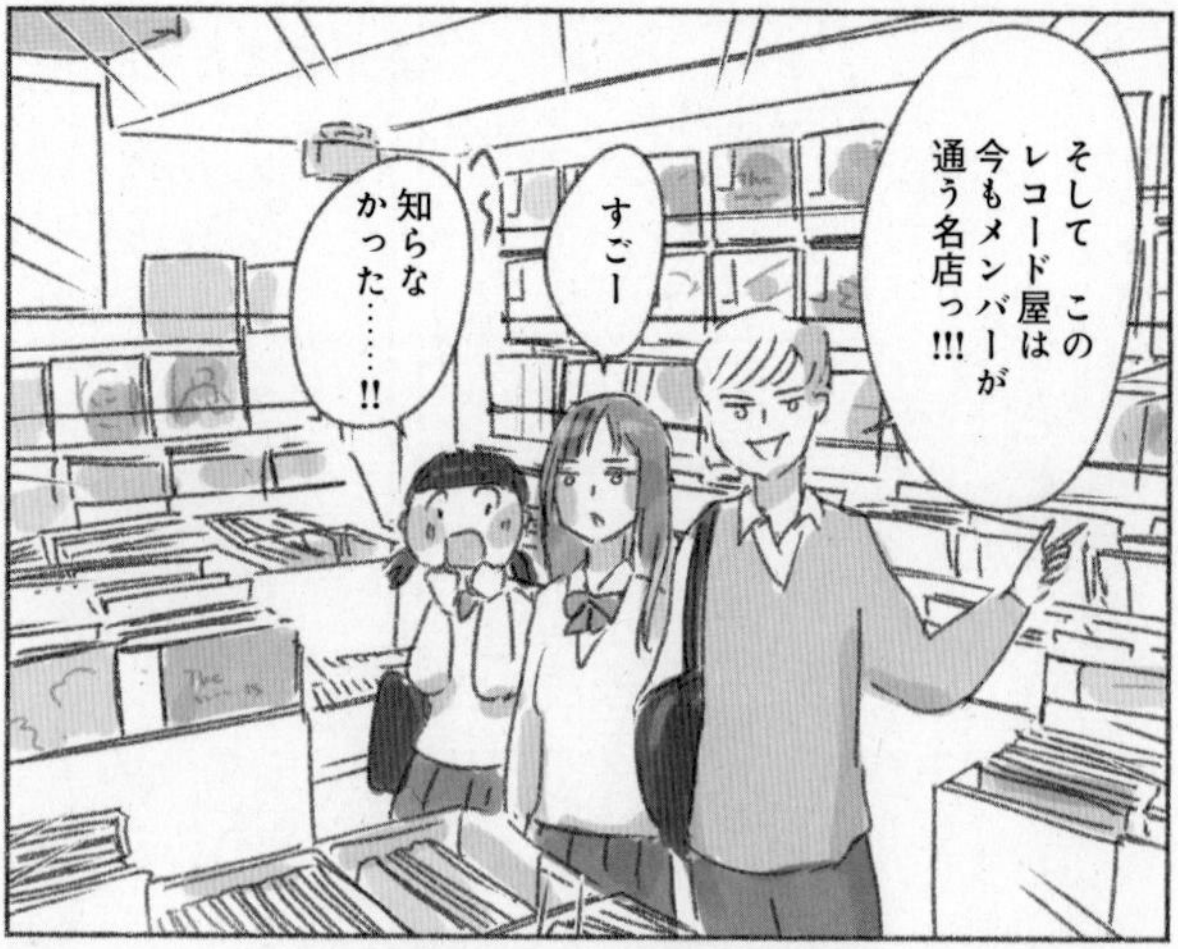
そして　このレコード屋は今もメンバーが通う名店っ!!!
すごー
知らなかった……!!

あそこにサインもあるっ!!!
チアーズ
すごー
ちがうバンド……!!

またいつでも案内するっ!!!
結局……

じゃあかけるね?
チーターズ
バンドメンバーには会えなかった

でも
すご——!!!
え ホント?!
ライブ行きたい——
他の曲は—?
じゃあこれは?
新しい友達に会えたんだ

奥野武範（おくの　たけのり／ほぼ日刊イトイ新聞）

1976年、群馬県生まれ。編集者。早稲田大学政治経済学部卒業。株式会社宝島社にて雑誌編集者として勤務後、2005年に東京糸井重里事務所（当時。現在の株式会社ほぼ日）に入社。2023年で創刊25年、毎日更新を続けるウェブサイト「ほぼ日刊イトイ新聞」の編集部に所属。主にインタビュー記事をつくっている。ときどきポップデュオ「レ・ロマネスク」のライブ・コンサートでギター係をつとめることがある。企画・構成・文を担当した書籍に『インタビューというより、おしゃべり』（星海社）、『世界を見に行く』（石川直樹・著／リトルモア）、『レ・ロマネスクTOBIのひどい目。』（レ・ロマネスクTOBI・著／青幻舎）』がある。他に、はたらく人たちの悩みに33名の著名人が答えた『33の悩みと答えの深い森。』（青幻舎）、14人の編集者にインタビューした『編集とは何か。』（星海社）など。

ブックデザイン　祖父江慎
DTP　根本匠（cozfish）
小野朋香（cozfish）
写　真　田口純也
編　集　新庄清二（青幻舎）
協　力　CLUB Que Shimokitazawa
酒場 FUKUSUKE
脇田あすか
小池花恵（and recipe）
今井雄紀（ツドイ）

バンド論

発行日 二〇二三年二月二三日 初版

著者 山口一郎（サカナクション）
蔡忠浩（bonobos）
岸田繁（くるり）
曽我部恵一（サニーデイ・サービス）
甲本ヒロト（ザ・クロマニヨンズ）

構成・文 奥野武範（ほぼ日刊イトイ新聞）

発行者 片山誠

発行所 株式会社青幻舎
京都市中京区梅忠町九-一 〒六〇四-八一三六
TEL 〇七五-二五二-六七六六 FAX 〇七五-二五二-六七七〇
https://www.seigensha.com

印刷・製本 株式会社八紘美術

ISBN978-4-86152-859-0 C0095